# 不器用な成功哲学

## どん底中学生から成功をつかんだ経営者の半生

荒牧敬雄
ARAMAKI TAKAO

幻冬舎 MC

# 不器用な成功哲学

どん底中学生から成功をつかんだ経営者の半生

# はじめに

「コスパ（コストパフォーマンス）」「タイパ（タイムパフォーマンス）」――これらの言葉はいまや、私たちの日常に広く浸透しています。

仕事においても、リモートワークによってオンライン会議・オンライン商談が普及し、業務効率化・省力化をうたうさまざまなデジタルツールが当たり前の存在として広く利用されています。

こういったコスパ・タイパを重視し、なるべく遠回りやムダな努力をせずに合理的・効率的に目的を達成しようとする傾向は決して悪いことではありません。しかし一方で、手際や要領が良くない不器用な人にとっては、そんな世の中の風潮に息苦しさを覚えてしまうことも確かです。「私は不器用だから社会で成功できない」と悲観的に考えてしまう人も少なくありません。

しかし、どんなに不器用であっても、誰しもが必ず成功することができると私は考えています。

私自身、子どもの頃は病弱で満足に学校も行けず、高校を卒業してからは屋台でアルバイトをして生計を立てていました。学もなければ、社会から求められる能力なんて当然ない――周りから見れば成功とは程遠い人生を歩んでいました。

しかし、このままでは終われないと21歳で自衛隊に飛び込み、その後大手宅配会社へ入社し、不器用なりにがむしゃらに生き続けてきた結果、独立後12年で売上高17億円（3社合計）の運送会社の経営者になることができました。

振り返ればコスパ・タイパなんてものは不器用な私にはまったくなく、今の人生にまで導いてくれたのは、挫折や非合理、義理と人情、直感などの〝人間臭さ〟〝アナログ〟にほかなりません。

たくさんの挫折を経験したからこそ自分を見つめ直し、困難に立ち向かう力が身につき、非合理に人生を歩んできたからこそほかの人にはできない成果を生み出すことができました。また、周りよりビジネスの知識が劣っていても義理や人情を大切にしていたからこそ幾度となく仕事で救われ、何度も直感に頼ってきたからこそ、リスクを恐れることなく常に新たな一歩を踏み出すことができました。

私には学歴も、華やかなキャリアもありません。私の人生は常に行き当たりばったりで、逆境に次ぐ逆境の連続でした。しかし、遠回りで不器用な生きざまだったからこそ、学歴もキャリアもない自分を、売上高17億円（3社合計）の企業経営者という場所まで導いてくれたのです。

挫折や失敗だらけの人生は一見するとコスパ・タイパの悪い生き方に見えますが、その道のりで得てきたことの数々には、時代を超えた普遍的な「成功哲学」があると私は思っています。そのことを次代の若い人たちに伝えるべく、本書を出版しました。

困難な状況でも希望を捨てずに、遠回りでもいいから不器用に、愚直に人生を歩み続けてほしい――そんな「不器用な成功哲学」を、本書に記す一人の不器用な男の生きざまから感じ取っていただければ幸いです。

目次

第2章

# 決意——〝人生大逆転〟を諦めない

## 自分を信じきれば成功に必要な努力の仕方と忍耐力が身につけられる

第3章

# どん底――自衛隊に入隊して痛感した己の未熟さ

## 日本一の縦社会で〝挫折できた〟ことで向き合えた自分自身の価値

第4章

# 挑戦――
# サービス残業、重労働、安月給のブラック企業に入社
## 周りにとって〝非合理〟な仕事でも、そこに自分の進むべき道がある

# 第5章

# 起業――運送会社としての独立

## 競合が多くとも〝気合と根性〟があればそれが企業の強みになる

## 第6章

## 成功——真似した経営に勝機はない

### 〝己の直感〟に頼り常識に縛られない経営で業界を牽引《けんいん》していく

# 第7章

# 遠回りでもいい、特別なスキルがなくてもいい

## 〝惚《ほ》れられる人間〟になれば必ず明るい未来が待っている

# 第1章

# 折檻《せっかん》、病弱、孤独、家出生活

## 底辺を象徴するかのような幼少期

## 「日本一運送会社らしくない運送会社」

日本一運送会社らしくない運送会社。

そんな、一風変わった企業スローガンを掲げている小さな運送会社が、福岡にあります。

それが、私が代表を務める「Gライン株式会社」です。

いったい何が「運送会社らしくない」のかというと、一つは、運送業界では群を抜いてドライバーの年齢が若い……いや、「若すぎる」ことだと思います。

ドライバー社員の平均年齢は33歳。その9割は未経験者で、運送業界に可能性を感じ、さまざまな業界から飛び込んでくれたドライバーたちが活躍しています。それは「即戦力より新戦力」の方針を掲げ、経験豊富なドライバーより、業界未経験の若い人材を積極的に採用し続けているからです。

経済産業省・国土交通省・農林水産省が2022年にまとめた資料によると、道路貨物業で働く年齢層は40~54歳が45・2%、65歳以上は9・5%と、40代以上が6割近くを占めています。その中にあって、Gラインの平均年齢の若さは運送業界内でも群を抜いているといえるでしょう。

ドライバーにチャレンジしたいけど、中型免許や大型免許の取得などハードルが高そう……。そう二の足を踏む若い人は、実は少なくありません。そこでGラインでは、中型第一種免許、大型第一種免許の支援制度を設け、未経験者のチャレンジを後押ししています。

次にGラインの「運送会社らしくない」を象徴するのが、オリジナルのユニフォームです。

コーポレートカラーである蛍光イエローのラインが映える、スポーティーなデザインは、運送ドライバーというよりスポーツ選手のような、お客さまにもひと目見て想起してもらえるインパクトがあり、実際にユニフォームを見たお客さまや同業者の方からも「Gラインさんのユニフォーム、カッコいいですね！」「いい意味で運送会社らしくないですね！」と声をかけてもらっています。２０２３年には創業10周年を記念してオリジナルの腕時計「Gショック」を制作しました。こんなことをしている運送会社はほかにないでしょう。

ドライバーにとっての大事な商売道具・トラックにも、「運送会社らしくない」こだわりが詰まっています。

Jリーグ・アビスパ福岡のロゴマークとマスコットキャラクター「アビーくん」「ビビーちゃん」のイラストが大きくデザインされた、人目を引く10ｔトラックと4ｔトラック。Gラインがアビスパ福岡とのコラボレーションで実現した、通称「アビトラ号」です。

私が社長を務める運送会社・Gラインでは、地元・福岡を少しでも明るく活気づけたいとの思いで、２０２３年2月よりアビスパ福岡とスポンサー契約を結んでいます。同チームからもマスコットキャラクターの使用許可をいただき、この「アビトラ号」が実現しました。

アビトラ号が信号待ちしているところを撮影したＳＮＳへの投稿も多く、運転するドライバーたちも街なかでよく声をかけられ、一緒に写真撮影に応じています。アビスパサポーターの中ではGラインはちょっと知られた存在になっています。

でも、Gラインが周囲からいちばん「運送会社らしくないよね」と言われるのは、採用活動の一環で始めたSNSです。

YouTube、X、Instagram、TikTokといった主要なSNS全てで公式アカウントを運用している運送会社は、日本ではおそらく当社だけではないでしょうか。現在SNSの総フォロワー数は4万人を超え、地方の中小の運送会社としては異例の数を誇ります。

各SNSは、当社の女性社員が中心となってほぼ毎日発信しています。その内容をのぞいてみると……「ジェネレーションギャップクイズ」「初めて男性とごはんに行くときは奢られたい？　それとも割り勘？」など、およそ運送業と関係のない投稿ばかり。もちろん中には「トラックドライバーなって良かった3つの理由」など真面目な投稿もありますが、一見すると誰も運送会社のアカウントとは分からないと思います。

しかし、「運送会社らしくない」からこそ、「Gラインって会社、なんだか面白そう！」「いったいどんな会社なんだろう？」と多くの人が興味を持ち、ドライバーの求人にエントリーしてくれるのです。2023年のGラインの採用エントリー数は688人（年間）。人材不足に悩む運送業界では突出した数字を挙げています。

2013年、あるご縁から休眠状態だった会社を私が預かり、わずか5坪ほどの倉庫からスタートしたのがGラインです。10年以上が経過した今日では福岡・大阪・兵庫に拠点を持つ年商17億円の運送会社に成長し、ドライバーをはじめとする84人の社員たち一人ひとりが元気に働きながら「日本一運送会社らしくない運送会社」を体現してくれています。社内には常に若い社員たちの明るい笑い声が飛び交い、活気に包まれています。

「ここまで来るのにいろいろあったけど、諦めずに会社を続けて本当に良かった……！」

そんなことを思いながら、私は今日も忙しく配送に出発していくトラックを見送ります。

そのくらい、私の経営者人生、もっとさかのぼると幼少期からの人生は、逆境に次ぐ逆境の連続だったのです。遠回りで不器用な生きざまだったけど、そんな自分が、気がつけば優秀な社員たちに囲まれながら会社を経営している。どんなに絶望の淵《ふち》に立たされても、わずかな希望を捨てることなく必死に闘い続けたから、今日のGラインがあるのだ、と常々思います。

これから読者の皆さんにお話しするのは、そんな私のサバイバル人生です。人気テレビ番組「ＳＡＳＵＫＥ」のように、人生の難関ステージが次から次へと登場し、何度も壁にぶつかったり崖から転げ落ちたりしますが、それらを乗り越えながら何者でもなかった私がいつしか経営者になっていく物語です。

## 転校を繰り返し、心を閉ざしていた少年時代

1973年2月19日。私は荒牧家の長男としてサラリーマンの父と、専業主婦の母の間に生まれました。

父は大企業の日本電信電話公社（電電公社／1985年に民営化し日本電信電話株式会社「NTT」に）に勤めるサラリーマン。自宅は大きな社宅で、傍から見たら恵まれた家庭だったと思います。親戚には大学教授もいて、ほぼ全員が有名大学を卒業するなど、どちらかというと学歴を重んじる家系でした。

生まれは東京でしたが、全国に拠点を持つ電電公社に勤めていた父の仕事の都合で、5歳から15歳までの間に計7回もの転校を繰り返しました。東京で2回、熊本、長崎、

鹿児島で2回、そして福岡に。父が人事異動の内示を受けるたびに、母が泣いていたのを今でも覚えています。

転校の経験のある人なら、転校先の学校での〝アウェー〟の空気と不安な気持ちは誰しも抱いたことがあるでしょう。慣れない環境のなか、初めて見るクラスメートが向ける好奇の視線は、子どもにとって大きなストレスとなります。それに、せっかく環境にも慣れ、友達もできた頃に別れがやって来るのです。ましてや、今と違ってスマートフォンもない時代。転校というのは友達との永遠の別れを意味するのです。その別れ際の寂しさとも、転校のたびに向き合わなければならないのは小学生にとって大きな試練でした。

転校を繰り返すうちに、「どうせ引っ越すのだから、一から友達をつくるだけ面倒だよな……」と子どもながらに学習するようになります。いつしか、転校先の学校でも積極的なコミュニケーションを避け、クラスの輪からも離れて教室の隅でぽつんと一人でいるような子どもになっていました。クラスメートとの距離をとることで心のダメージを最小限に抑えることが、当時の私、アラマキ少年なりに身につけた「処世術」だったのです。

学校でも自宅でも、多くの時間をたった一人で過ごしていたのですが、まったく苦ではありませんでした。むしろ一人遊びのほうが気は楽でした。

学校が終わって家に帰ると、社宅の横の路地ではいつものように母親同士が井戸端会議をしています。

「あそこのお宅では、こういう習い事をさせているみたいよ」

「○○さんの旦那さま、課長に昇進されたそうね」

「あのお宅のお兄ちゃん、○○大学に合格したって聞いたわよ」

昭和時代、しかも社宅という狭いコミュニティならではの、出世や学歴をめぐる親同士のマウント合戦。その世間話を耳にするたびに嫌悪感を抱いていました。無意識のうちに「自分はこんな生き方をしたくないな……」と反面教師として見ていたのかもしれません。

もう一つ、私の少年時代に暗い影を落としたのが、持病のぜんそくでした。

私が小学生だった１９８０年代は、大気汚染と小児ぜんそくの関係が問題になった時代で、私も数カ月おきに訪れる発作に悩まされていました。一度発作が起きると呼吸がしづらくなり、奇声のような咳が止まらないことが何度もありました。

発作が起きると、息がうまく吸えず、呼吸のたびにヒューヒュー、ゼイゼイと苦しい喘鳴が続き、症状が和らぐまでに3〜4日間もかかりました。私の場合は季節の変わり目に発作を起こすことが多く、年に4〜5回起きる苦痛のイベントでした。それでも当時の私は、小児ぜんそくという病気を「仕方ない」と半ば諦め、受け入れていました。

## 家族からも遠ざけられ、一人部屋にこもる日々

私は病弱で内向的だったうえ、勉強も得意ではありませんでした。そのせいか、次第に両親からも疎まれ、遠ざけられていきました。エリート意識の強い両親にとって、私は見込みのない存在だったのでしょう。気づけば、私より、5つ年下の弟に両親の期待と愛情が寄せられていました。

そんな、長男の私と弟との「待遇」の差は、年を重ねるごとに大きくなっていきます。

例えば、弟の部屋にはエアコンがありましたが、私の部屋にはありませんでした。当時、子どもたちの間で爆発的に流行っていたコンピュータゲームも、弟だけのために買い与えられ、私は触ることすらできませんでした。不条理な扱いにやるせない思いを感じながらも、私は弟が生まれるまでは両親の愛情を一身に受けていた記憶があるだけに複雑な気持ちでした。

私が小学2年生だったある日、弟と庭で遊んでいると、何かのはずみで弟を転ばせてしまい、弟が鼻血を出しました。もちろん、故意ではありません。しかし、たまたまこれを目にした父が、驚いて駆けつけるなり、小さい体の私が吹っ飛ぶほどの勢いで思い切り頬をビンタしたのです。

この出来事があって以降、私は厳しく叱られることが増えていきました。例えば、「罰」として家から閉め出されたり、「お父さんが帰ってくるまで玄関で正座していなさい！」と言われることもありました。ほかにも、夕食を食べさせてもらえなかったり、押し入れに閉じ込められたりといった厳しいしつけを受けることがあり、小学校低学年の私にとっては恐怖そのものでした。こうした抑圧やストレスのせいか、私は次第に近所や学校で問題を起こすようになり、それがさらに叱られる原因となる――そんな悪循環に陥っていきました。

おそらく、電電公社という大企業で働いていた父と、社宅ならではの人間関係を気にしていた母にとっては、きちんと親の言うことを聞く弟のほうが安心できる存在だったと思います。実際、私と弟が接することさえ制限される時期もありました。やがて私自身も「弟に関わるとろくなことがない……」と避けるようになり、自然と距離を取るようになっていったのです。こうして、家族との間に少しずつ溝が生まれていきました。

発作の苦しみや家族の愛情を受けられない寂しさから逃れ、孤独と向き合うために、当時の私がしていたことがあります。一人、部屋にこもって空想にふけることでした。

時間をつぶすためのゲームも、一緒に遊ぶ友達もいないので、部屋の中で鉛筆とノートを手に取り、自由に物語を描くのです。空想の中では自分が主人公で、みんなの中心にいて、脚光を浴びている。そんな物語を頭の中で考えることが楽しくて、現実世界での寂しさを紛らわすことができました。

家庭内で孤立していたとはいえ、当時の私はそのことに対してことさら恨みを抱いたり、弟を妬んだりするようなことはなく、「そういうものなんだ」と淡々と受け入れていました。それよりも、突如襲ってくる発作との闘いのほうが自分にとっては死を間近に意識するほどの試練でした。私にとってはただただ、狭い部屋でたった一人、物語を空想している時間が、唯一の心の拠りどころだったのです。

## 「天国」だった養護学校での2年間

中学進学のタイミングで、荒牧家は長崎から鹿児島へ引っ越すことになりました。そこで私の人生最初のターニングポイントが訪れます。親元を離れ、2年間の入院生活をすることになったのです。

鹿児島では桜島からの火山灰が毎日のように降り、外出時は晴れても傘が欠かせませんでした。転校先の中学校は家から5㎞ほど離れており、学校に着く頃には学生服と傘が真っ白になるほどでした。

その火山灰の影響によってぜんそくが悪化し、発作の頻度が増えていきました。登下校中に苦しくなって動けなくなることもしばしばありました。

さすがに両親も見かねたようです。小児ぜんそくが国の公害認定を受けていたこともあり、名医に診てもらうため指宿《いぶすき》市にある国立指宿病院（現・国立病院機構 指宿医療センター）で2年間の療養生活を送ることになりました。この国立病院には県立の養護学校（現・鹿児島県立指宿特別支援学校）が隣接しており、私は2年間の入院とあわせてこの養護学校に転校することになったのです。

養護学校には、私と同様に小児ぜんそくやネフローゼ症候群など、国の公害認定や難病指定を受けた小学生から高校生までの児童・生徒が、小児病棟で共同生活をしながら通っていました。総勢60人から70人ほどで、学校の2クラス分の規模です。なかには歩行具が必要な子や、生活に介助が必要な子、知的障害のある子も多くいました。彼らと過ごすうちに、私の中に新たな自覚が芽生えました。

「自分がみんなを引っ張って、助けてあげなくちゃ……」

共同生活では、補助が必要な子への付き添いや、係の仕事が当番制で回ってきます。この役割をこなすうちに、自然と周囲の世話をするようになり、行事ではリーダーの役割を買って出るようになりました。

それまでの私は、転校を繰り返す中で「どうせまた離れてしまう」と心を閉ざし、周囲との距離を置いていました。しかし、ここで過ごした2年間で、「ぜんそく以外なんの不自由もない自分が頑張らなければ！」と考えるようになり、献身性やリーダーシップが育まれたのです。

また、初めて「誰かに必要とされている」喜びを知ったのもこの場所でした。役割を果たせば、周りから「ありがとう」と感謝される――そんなやりとりが新鮮で心に染みました。気づけば、これまでにないほど積極的に人と関わるようになり、ようやく自分の居場所を見つけたと感じることができたのです。

もう一つ、入院生活で嬉しかったのは、初めてエアコンのある部屋で暮らせたことです。入院前の私は、エアコンのない部屋での生活を強いられていました（当時の親としては、私のぜんそくを気遣ったのかもしれません）。親元を離れた療養生活で、夏は涼しく冬は暖かい快適さを知った、その感動は今も忘れられません。こうして過ごすうちに、私に思いもよらぬ変化が起きました。あれほど悩まされていた発作が、いつのまにかピタリと止まったのです。

小児ぜんそくの名医に診てもらったことも大きいですが、それだけでは説明がつきません。

快適な環境、仲間との助け合い、「自分が周りを支える」という意識の芽生えなど、全てがプラスに働き、一生付き合う覚悟でいた病気は、いつのまにか消えていきました。

## 週末家出が育んだ経営者の資質

中学3年の夏、国立指宿病院を退院して2年ぶりに帰宅した私を待っていたのは、想像以上に変化した家庭環境でした。胃潰瘍で倒れた母の病気療養のため、私たちは福岡の祖母の家に移り住み、父は熊本への単身赴任という新しい生活が始まったのです。

そのような中、私は福岡の学校で不良といわれる仲間と付き合うようになり、夜遊びや警察に補導されるような問題行動を重ねるようになっていました。当然ながら、それを知るたびに父は激しい体罰で私を戒めました。金曜日に熊本から帰宅した父は、母から「タカオがまたこんなことをして……」と報告を受けると、私の部屋に入り、頬を叩き、蹴りつけたのです。私が何を言おうと、聞き入れられることは一切なく、しまいには、私の行動を監視するために部屋のドアも外されました。エリート意識の強い両親にとって、道を外した息子の存在は到底受け入れ難いものだったようです。

そんな環境で、ついに私は耐えきれなくなり、父が帰省する金曜の夕方から熊本に戻る月曜の明け方まで、週末限定の家出を始めました。神社の境内での野宿、空き瓶回収で得たわずかな金での食事、時には木の実を食べて飢えをしのぐ生活を送ったのです。当初は死を意識するほどの恐怖と不安に押しつぶされそうになりましたが、やがて、この3日間のサバイバルをポジティブにとらえられるようになっていったのです。

この経験で私は「逆算思考」を身につけました。目標から逆算して計画を立て、リスクを想定し、実行後に検証してPDCAを回すのです。しかも、極限状況での生活は、並外れたストレス耐性も育んでくれました。

今、経営者として振り返ると、あの過酷な週末家出の日々が、経営に必要な資質を育てる貴重な機会となったと実感しています。当時の両親を恨む気持ちはまったくありません。むしろ、あの経験が今の自分を作り上げてくれたことに感謝しています。

このような私の幼少期は、父との間に確実な溝を生んでいました。しかし、運命とは不思議なもので、のちに父との間には、意外な「縁」が明らかになります。それはまた別の物語として語ります。

## 生き方の指針となった祖母の言葉

受験勉強もろくにしなかった（正確にいうと、する余裕がなかった）私は、学校での成績も低空飛行を続け、とても普通の高校に進学できるレベルではありませんでした。さすがに両親も「高校くらいには行かせておかないと」と心配したようです。どんなに底辺の成績でも受け入れてくれる私立高校に入学させてもらいました。

その高校は、当時住んでいた祖母の家から自転車で30分ほどの距離にあるのですが、入学後の1年間は、併設する寮に入れさせられました。

母は相変わらず体調を崩していました。そこに追い打ちをかけるように、単身赴任中の父の運転する車がトラックと正面衝突する事故を起こしてしまいました。幸い一命はとりとめたものの、長期入院を余儀なくされ、会社の出世コースから外れてしまいました。真面目で仕事熱心な父にとって大きな挫折だったと思います。

母と祖母の仲も険悪になり、結局私たち一家は祖母の家を出ていくことになりました。新しい家での父はすさみきっていて、私への風当たりもこれまで以上に強くなりました。そんな父の暴力から逃れることのできる寮生活は、私にとって願ったり叶ったりでした。

ただし、高校側としては1年間限定という特別な条件だったようで、2年生に進級すると同時に退寮し、家に戻されてしまいました。この頃には父親もリハビリしながら仕事に復帰していましたが、両親ともに体調が悪く、家族間の口論が増え、家庭内は息苦しい雰囲気に包まれていました。また狭いマンションで父親と顔を合わせないように生活することに嫌気がさした私は、逃れるようにもともと住んでいた祖母の家に戻りました。そんな私を、祖母は何も言わずに迎え入れてくれました。

住まいは確保したものの、日々の生活費まで祖母に頼るわけにはいきません。そこで、友達の誘いで始めたのが九州一の繁華街・天神にあるラーメン屋台でのアルバイトです。

学校が終わるとそのまま屋台に直行し、夕方から夜通し働きます。明け方になったらそのまま原付バイクで学校に行き、教室で睡眠をとり、夕方からまたアルバイト。それが基本的なルーティーンで、休みの日は仲間と夜通し遊ぶという一般的な高校生活のレールからは完全にはみ出した生活を送っていました。

そんな毎日を過ごし、家にもろくに帰らない私を、祖母はただ黙って見守ってくれ、たまに夜遅く帰ってきたときにはそっと食事を出してくれました。

私の祖母は、近所の身寄りのない老人やホームレスの方々に食事を振る舞い、時には小遣いを渡す慈善活動をしていました。この活動は、地域の一部で知られており、ある政治家もたびたび祖母のもとを訪ねてくるほどでした。祖母の周りにはいつも多くの人が集まっていました。子どもだった私は「なんでばあちゃんの周りにはこんなに人が集まるんやろ?」と不思議に思っていたことを今でも覚えています。そんな祖母が、私に常々こう言い聞かせていました。

「いいかい。どんなつらいことがあっても妬まない、恨まない、比べないことよ」
「与えてもらうより、与えてあげられる人になりなさい」

祖母には、家族から疎まれ、孤独を抱えながら生きている私の心情が全て見えていたのです。この言葉は、私の人生における指針として、深く胸に刻み込まれました。その後の人生で、私は海上自衛隊、さらに大手宅配会社という大きな組織の中に身を置くことになります。数多くの嫉妬や怨嗟《えんさ》が渦巻くドロドロした世界で、派閥同士の争いや足の引っ張り合いなども数多く見てきました。私自身が巻き込まれてしまったこともあります。しかし、そのたびに、私は祖母の「妬まない、恨まない、比べない」という言葉を心の中で繰り返していました。

Gラインの経営理念も、祖母の教えが少なからずベースとなっています。社員が守るべき行動規範を明示した10カ条の「G-MIND」には、「努力をしている自分を自分で褒めよう」「困っている仲間には手を差し伸べて力を合わせよう」という言葉を掲げています。誰とも比較しなくていい。自分が努力して、昨日の自分よりも成長できたのであれば、それを純粋に認め、誇りに思おうというメッセージです。また、「G-MIND」には「家族と仲間を全力で愛そう」という項目もあります。

幼少期から中学・高校という多感な時期にかけて、両親の愛情を満足に受けられなかった。病気、孤独、暴力に耐えながら、明日をどう生きようか考えていた。そんな壮絶な体験をした私だからこそ、社員には仕事仲間や家族を尊重し、愛し、支え合う心を大事にしてほしいと誰よりも強く願っているのです。

# 第2章

# 決意――
# 〝人生大逆転〟を
# 諦めない

## 自分を信じきれば成功に必要な
## 努力の仕方と忍耐力が身につけられる

## 深夜の屋台が社会を学ぶ「学校」だった

1980年代、『ビー・バップ・ハイスクール』という漫画が一世を風靡《ふうび》していた頃、私の周りにも暴走族の友人がたくさんいました。私自身は暴走族に入ることはありませんでしたが、友人に深夜の集会に連れて行ってもらうことはありました。

周囲に心を固く閉ざし、腹を割って話すことがほとんどなかった私を、彼らは分け隔てなく受け入れてくれました。家庭内の不和や貧困など、私と同じようになんらかの事情を抱える仲間も多く、時に心を開いて身の上話をしてくれることもありました。祖母以外に素の自分を出せる人がいなかったので、彼らとの時間が心地良く、存在が認められている実感がありました。

また、彼らと接することで、その人の人生背景や人柄、本質を知ろうとするようになりました。問題行動を繰り返し起こす彼らも、実は根は優しく、私と似たような背景をそれぞれ抱えていました。今思えば彼らも孤独を埋め合わせたくて仲間との結束を求めていたように感じます。

屋台でのアルバイトも暴走族の友達からの紹介でした。学校で勉強をしなかった私にとって、屋台という空間は、社会を学ぶ「学校」でした。バブル全盛期の繁華街の屋台は、酔ったサラリーマンや派手な水商売の女性など、多様な客で賑わい、18歳の私にとっては刺激的な毎日でした。仕事は周りを見て自発的に学ばなければなりません。仕事は自分で覚えるしかなく、失敗すれば、「きさん、なんばしよーとや！」と、店主から容赦なく怒鳴られます。接客マナーや効率の良い動き方は、同じ失敗はしないという思いで、試行錯誤しながら身につけていきました。今でいうＯＪＴ（On-the-Job Training）です。

特に印象に残っているのは、元ホストという30代前半の「リュウちゃん」と呼ばれていた店主です。彼の屋台には連日、セレブを思わせる華やかな身なりをした女性が次々にやって来ました。彼女たちはラーメンをすすり、ビールを飲みながらリュウちゃんと楽しそうに会話に興じ、上機嫌で帰っていくのです。

客足が途絶えた休憩中にリュウちゃんは、「オレ、昔、名古屋でホストしよったっちゃんね」と、自身の過去の話をしてくれました。20代の若い頃、名古屋一の繁華街・栄でナンバーワンホストだったそうです。

華やかなルックスも、身にまとったオーラも、世間を知らない18歳の私にとってリュウちゃんは眩しすぎる存在でした。身近なロールモデルとして「カッコいいなあ。オレもこんな大人になりたい！」と憧れを抱いていました。

## 「お前、この先どげんして生きていくとや？」

そんな屋台でのアルバイト中心の高校生活を過ごしているうちに、秋から冬へと季節は移っていきます。

周りの高校生たちは当たり前のように大学受験勉強に励む時期ですが、私にはそんな学力はありません。当時の全国模試では、偏差値39という冗談のような成績をたたき出してしまいました。

進学は諦めて就職しようにも、世の中はバブルに陰りが見え始め、就職氷河期に入ろうとしていた時代で、求人数もピーク時からどんどん減少していきました。そのような状況だったので、私には屋台で働き続けるしか選択肢は残っていませんでした。

「オレはこのまま、一生屋台で働き続けるのか……」

まったく勉強してこなかった自分が悪いといえば悪いのですが、かといって今置かれている状況をすんなり受け入れられない自分もいます。自分の人生に対して「このままではマズいぞ！」と本能的に危機感を抱いていたところもありました。

というのも、中学生の頃の「週末家出」で生きるか死ぬかの生活を続けていたこともあり、現状に甘んじることへの恐怖心が強かったからです。だから、屋台で働き続けるという選択はしたくない。でも、学歴も特技もない自分がどんな進路を選択したらいいのか皆目見当がつかない。そもそも、やりたいことも見つからない……そんな宙ぶらりんな状態で、焦りだけが募っていくのでした。

悶々《もんもん》としながら決断を先送りしているうちに、気づいたら桜の舞う季節になり、高校も卒業してしまいました。実家からは1年以上遠ざかっていたので、両親には卒業したことすら報告しませんでした。

いよいよ高校生という肩書きもなくなり、俗にいう「プー太郎」となった私は、卒業後も変わらず屋台でラーメン鉢を洗う日々を過ごしていました。

屋台にも、時折大学生とおぼしき若い客が訪れます。合コンの帰りなのか、男女で楽しげに会話している様子を見ながら、何者にもなれていない自分と比較し、劣等感に押し潰されそうになることもありました。


「……お前、この先、どげんして生きていくとや？」

店を閉め、のれんを下ろしているときに、リュウちゃんが私に尋ねてきました。高校を卒業してからも定職に就かず、フラフラしている私を気にかけてくれたのでしょう。

「……どうしたら、ホストってなれますかね？」

思わず、そんなことを聞き返してしまいました。屋台でのアルバイトは好きだけど、一生続ける覚悟はない。でも、リュウちゃんみたいにカッコいい、モテる男になりたい――そんな思いから、無意識のうちにホストへの憧れを抱いていたのかもしれません。

しばらく間をおいて、リュウちゃんは「それやったら、全然知らん土地で挑戦したほうがいいばい」と言いました。

「どうせホストをやるんやったら、いっそ東京の歌舞伎町くらいデカいところに行ってみたらどうや？　ホストクラブっちゅうのは寮もあって住み込みで働ける。スポーツ新聞とかに求人が載っとるけん、迷うぐらいならとりあえずやってみたらいいやんか」

諭すような口調でアドバイスをくれたリュウちゃんは、最後にこう付け加えました。

「男やったら、すぐ行動を起こしたもん勝ちやぞ！」

その「男やったら……」の一言が、18歳の私の胸にぐっと突き刺さりました。

そうや。行動を起こしたもん勝ちや！　知らん土地で裸一貫勝負してこそ、男が磨かれるんや！　歌舞伎町でホストとして成功すれば、こんなオレだってリュウちゃんのような男になれるはず。これまでいいことが何もなかった人生、ここで大逆転を狙うしかないやろ――もう、若さゆえの思い込み以外の何物でもありません。私の中で矢沢永吉の『成りあがり』のスイッチが完全に入ってしまいました。

一週間後。福岡空港から羽田空港に向かう飛行機に、私は屋台のアルバイト仲間のM君とともにいました。私と同じようにフラフラしていて「オレも一緒に行きたい！」と言い出したM君と二人で「歌舞伎町で一旗揚げよう！」と福岡を離れる決心をしたのです。

手に持っていたのは航空券と、少しの着替えと、所持金が5万円ほど。ワクワクより不安のほうが大きかったと記憶しています。この先の未来はまったく分からない。でも、東京に行けば何かがあるはずだ。とにかく、行動するのが男なんや――不安を打ち消すように自分を奮い立たせながら、私は新たな「冒険」の一歩を踏み出しました。

## 5万円を握りしめ、「男になる」ために東京へ

博多とは比べものにならない人、人、人……。

羽田空港から電車に乗り換えた私とM君は、初めて目にする東京の人混みに圧倒されながらも、安いカプセルホテルに宿を求め、まずは長旅から一息つきました。

所持金も限られるなか、ホテル住まいをずっと続けるわけにはいきません。リュウちゃんの教えに従い、私たちは駅のキオスクで買い込んだスポーツ新聞を片っ端から開き、求人欄に目を通してみました。

「あれっ……ない？」

どれだけ目を皿のように凝らしても、「ホスト」の文字が一切見当たらないのです。当時の世間知らずの私たちにはアルバイト情報誌を買うという選択肢すら思い浮かばず、「うわ、ホストないやん……!」と初日にして早くも絶望の淵に立たされました。

いっそこのまま歌舞伎町に向かい、片っ端からホストクラブを訪ねて直談判してみるか、とも考えましたが、M君のほうは早くも心が折れたのか、ぐずぐずして気乗りしない様子です。かといって、このまま数日で福岡に帰るのも男として格好がつきません。

そんなとき、M君が思いがけない提案をしてきました。

「それやったら、神戸にオレの知り合いがおるけん。そこでいったん働かん?」

M君によると、その「知り合い」は夜の仕事の世界で顔が広く、彼に相談すれば神戸の三宮や大阪の北新地でホストの仕事にありつけるかもしれない、と言うのです。本当かよ?と内心訝《いぶか》りつつも、ほかに選択肢がないので私もその提案に身を委ねざるを得ませんでした。

こうして、鼻息も荒く福岡を後にした18歳の二人の若者は、わずか2日で東京を離れ、新幹線で神戸に向かうことになりました。「歌舞伎町で一旗揚げて男になる」ビジョンは、こうしてあっけなく崩れ去ってしまったのです。

東京駅を発って、およそ3時間半後。神戸駅に降り立ち、改札を出た私たちを、一人の男性が手招きしていました。あの人物がどうやらM君が言っていた「知り合い」のようです。

大柄で、派手なスーツとサングラスに身を包んだ、50代とおぼしきその男性は、挨拶もせず、「おう、よう来たな、ついてこい」とだけ言い、歩き出しました。

初めて降り立った神戸のネオン街を、人混みをかき分けながら必死でついていくと、古びた雑居ビルの前でその「知り合い」は足を止めました。狭い階段を上り、私たち二人をとある一室に案内しました。

「オレのことは『専務』と呼べ」

そう言い残して、「専務」は部屋を出ていきました。いまひとつ状況をのみ込めていない私とM君はただ呆然と立ち尽くしていたのですが、このビルに住み込みながら、「専務」の指示のもと、さまざまな仕事をこなしていくのだ、とのちに聞かされました。

## 気づいたら神戸で焼きそばを売る日々

次の日から「専務」のもと、見知らぬ関西の地で働く日々が始まりました。

その雑居ビルの一室は、ほかにも先輩社員が複数人同居する「タコ部屋」で、彼らと一緒に「専務」の指示を受けながら、兵庫県内の各地で屋台を出店するのです。夏の海水浴シーズンには、兵庫の須磨海岸に設営された海の家の運営を1カ月間手伝いました。9月になると、今度は「三田市の花しょうぶ園に店を出すから来い」と新たな指示を受け、「専務」と私とM君の3人で近くに借りた部屋に寝泊まりしながら、一緒に花しょうぶ園の店を切り盛りしました。

そうです。いわゆる露天商の仕事だったのです。その後も神戸ハーバーランド、生田神社など場所を転々と変わっては露店を出し、フランクフルトや焼きそば、ホットドッグなどを売りさばいていていました。

当時18歳で世間のことを何も分かっていない私には、その仕事が何を意味するのか、何とどうつながっているのかは知るよしもありません。とにかく上司である「専務」の期待に少しでも応えようと、与えられた目の前の仕事を必死でこなすしかなかったのです。それに、頭の片隅には「いつか、ホストの仕事を紹介してもらえるはずだ」という期待があったので、その日が来ることを待ちわびながらひたすら働き続けました。

ところがその後、私はちょっとした〝事件〟を起こしてしまいます。

1991年7月、神戸港内にある埋め立て地の人工島・神戸六甲アイランドに巨大なプール施設がオープンし、「そこに新店舗を出すからそこで働け」と「専務」から新たな指示を受けました。

若い読者の方に当時の時代背景をお話しすると、80年代後半から90年にかけて地価が異常な勢いで高騰する、いわゆる不動産バブルが起こり、各地で大規模な商業施設や住宅の開発が進んでいました。六甲アイランドもその一つです。それまでのタコ部屋から一転、私は会社が借り上げた高級マンションの一室に先輩たちと一緒に住まわせてもらうことになりました。

オープンしたばかりの目玉施設ということもあり、その新しい店舗も連日盛況で、ホットドッグやジュースが飛ぶように売れました。季節は夏、連日の盛況に休む間もなく、アルバイトたちも疲弊していました。その現場を仕切るリーダーに環境の改善を相談しにいきました。すると突然、「余計なことは言わんでええねん。言われたことだけやっとかんかいボケ」

ビビりながらも言い返そうとした、その瞬間、「文句があるならかかってこんかい」恐ろしいほどの迫力に私は不貞腐れた表情をするのが精いっぱいでした。「お前みたいなやついらんのじゃボケ、さっさと消えんかい！」圧倒され引き下がるしかありませんでした。現場リーダーから半ばクビを宣告されたも同然と感じた私は上司である「専務」に何も言わず逃げるように阪九フェリーに乗り込み福岡へ戻ったのです。

実はこのとき、知らない土地で先が見えない状態から逃げる理由が欲しかったのです。

数年ぶりに実家の敷居をまたぎ、疎遠だった両親と同居するのは気が進まないけど、仕方ない。土下座してでも住まわせてもらい、これからの人生はあとでゆっくり考えよう――そうぼんやりと考えながら、北九州の港から電車を乗り継ぎ、実家に帰ってみると、そこに現れた光景に私は目を疑いました。

とまっていたのは見覚えのある黒塗りの、神戸ナンバーの高級車……なんと、あの「専務」が家の前で待っているではないですか！　その隣には、母が混乱した表情を浮かべて立っていました。ある意味、奇跡の2ショットです。

なぜ「専務」がここに……？　相変わらずの派手なスーツにサングラス姿の「専務」は、事態がのみ込めず呆然と立ち尽くす母に優しい口調で語りかけました。

「お母さん、安心してください。息子さんを迎えに来たんですわ。この子はね、ようできる子です。ワシが責任をもって面倒見て、ひとかどの人間に育てよう思てます」

映画に出てくるような威圧感のある身なりと低いトーンの関西弁に、母も気圧《けお》されて言葉が出てこない様子です。そして、私は目の前まで辿り着いた実家の敷居をまたぐことなく、そのまま車に乗せられ、連れ戻されてしまいました。

神戸に戻る道すがら、「専務」は意外にも「本当にすまんかった」と私に謝ってきました。

「なんか、アイツらといろいろあったそうやな。まあ腹立つのは分かるけど、そんなケンカせんと。またほかの仕事を探してやるから、あと3年はオレのもとで修業せい。そしたら、大阪の水商売に顔がきく知り合いがおるから、そいつに紹介したるわ」

今まで自覚がなかったのですが、私はどうやら「専務」に相当見込まれていたようなのです。そうでなければ、わざわざ福岡の実家まで連れ戻しには来ないでしょう。

ふと、中学生の養護学校時代のことが思い出されました。人というのは誰かに認められ、頼られることで、自分の存在を肯定できるのです。仮にどんな環境や仕事であっても、当時の私にとってはそれが何より嬉しいことでした。

一方で、「専務」が言う〝修業〟の意味も、その頃には先輩たちの会話などからなんとなく察していました。ちなみに、一緒に神戸に来たはずのM君とは途中で離ればなれになり、後日ある先輩から「アイツは〝飛んだ〟らしいで」とだけ聞かされました。

「よっしゃ、〝仮免教習〟や。こっからはおまえが運転せい！」

福岡県の古賀サービスエリア（SA）に入る手前で、「専務」が笑いながら運転席を代われと言います。そこから神戸まで、無免許の私にマニュアルの高級車を運転させてくれたのです（これは30年以上前の話です。読者の方は、当時の時代背景を汲み取って読んでください）。

そのことからも「専務」の私に対する期待と愛情が感じられたのですが、このまま今の仕事を続けていると、一生後戻りできない世界に連れていかれてしまうのではないか――そんな不安と恐怖が、慣れないハンドルを握りしめながら、少しずつこみ上げてくるのでした。

## 「どうか、福岡に戻ってきてくれないか」

「母ちゃんから手紙が来とるぞ」

ある日、「専務」は私に一通の手紙を渡してくれました。神戸に連れ戻された私は、六甲アイランドから別の仕事へと移り、再び忙しく働く日々を送っていました。

「あなたは、今自分がいる世界を分かっているでしょうか。どうか、福岡に戻ってきてください。親のたっての願いです」

封筒を開けて取り出した手紙には、こうつづられていました。

インパクトの強い身なりの「専務」が実家まで迎えに来たことで、両親には息子が今どこにいて、何をしているのかが全て明るみに出てしまいました。その置かれている状況に、さすがに親として責任を感じたのでしょう。もっとも、社宅コミュニティ独特の世間体を何より気にする親ですから、人の道を踏み外して家名を汚されたくない、との思いが強かったのかもしれません。あとで聞いたところでは、こちらの住所は探偵を雇って探し当てたとのことでした。

手紙を続けて読むと、そこに書かれていたのは思いもよらぬ提案でした。

「関東に自衛隊地方協力本部（※自衛隊の受験、見学、質問、相談などの窓口）の仕事をしている親戚がいます。自衛隊の仕事を紹介してくれるそうなので、一度話を聞いてみませんか」

自衛隊、か……。

親からの突然の提案を受け、私はこれまでの自分の生きざまを振り返ってみました。同い年の19、20歳の若者たちは、大学で勉強、サークル活動、合コンなどキャンパスライフを思い思いに楽しんでいる。自分は大学にこそ行けないけど、自分の身一つでホストになって大金を稼いで、成功した姿を彼らに見せつけてやるんだ、との決意で福岡を飛び出したはず。それなのに、今の自分は相変わらず何者にもなれていない。かといって、この世界に骨を埋めようという覚悟もない。実に中途半端で、ちっぽけな人間のままじゃないか。

そんな、土壇場で覚悟を決めきれず、実力も伴っていない自分の弱さを、私なりに自覚し、認めたのです。それなら、親の提案を素直に受け入れ、自衛隊に入って自分という人間を一から鍛え直そう。そうすれば、今からでも周りに対して胸を張れる人間になれるはずだ――そう決断するのに時間はかかりませんでした。

「親が福岡に戻ってきてほしい、と言っています。母の具合も思わしくなくて……」

私は意を決して「専務」に打ち明けました。何を言われるかと身構えていましたが、返ってきたのは「まあ、親御さんが言うならしゃあないな」というあっさりした返事でした。

「じゃあ、こっちのことはええからもう帰れ」

「分かりました。今までありがとうございました」

「で、おまえ、これからどうすんねん?」

「自衛隊に入ろうと思っています」

「ほうか……。それなら、まあええか」

何が「まあええか」なのかは分かりませんが、最後はそんなやりとりをして、「専務」と私の1年3カ月に及ぶ〝師弟関係〟は終わりました。

数日後。私は両親と、自衛隊地方協力本部に勤務する親戚の4人で、あるレストランの席を囲んでいました。父と一緒に食卓を囲むのはそれこそ3、4年ぶりでしょうか。もうそのときには、自衛隊に入隊する意思は両親にも親戚にも告げていました。

「ところでタカオ君は、何か希望はあるかな?」

「できれば、航空自衛隊に行きたいです」

航空自衛隊というものがなんなのかも分からず、ぼんやりしたイメージだけで私はそう答えました。初めて会うその親戚は「分かった」とほほ笑んでくれました。

後日、茶髪だった頭を丸坊主にした私はボストンバッグを抱え、電車を乗り継ぎ、教えられたとおり神奈川県の小田原駅に降り立ちました。そこで例の親戚が出迎え、車に乗せてくれました。

車を走らせること1時間ほど。車は横須賀市内に入っていました。「入隊手続きはもう済ませているからね」と言われ、到着したのは広大な敷地の施設。その正門にはこう書かれていました。

〈海上自衛隊　横須賀基地教育隊〉

あれっ！　航空自衛隊って言ったやん！　……キョトンとする私を車から降ろすと、親戚は「それじゃ、頑張って！」とあっという間に立ち去ってしまいました。

5年間に及ぶ海上自衛隊での生活は、こんな調子でスタートしたのです。その日以来、その親戚とは一度も会っていません。

## 瓦礫《がれき》の山の先に待っていた「再会」

18歳から20歳にかけての青春時代に身を投じた、屋台や露天商の世界。今振り返ると若気の至りでまったく無謀な人生を過ごしてきたものですが、一方で「人生のムダだった」と簡単に片づけるつもりはありません。

スキルも経験もない若いうちは、とにかく言われたことを愚直に、なんの疑念も持たずに一生懸命こなすしかありません。その姿を周囲の大人たちは必ず見ていて、評価してくれるものです。その愚直に仕事に向き合い、誠心誠意尽くす姿勢は、この時期にこそ磨かれたと思っています。ちなみに、今でもGラインの若い社員たちにはまずは謙虚に、愚直にやるべき仕事に向き合う姿勢を社会人として求めています。

屋台のカリスマだった「リュウちゃん」も、神戸で上司として仕えた「専務」も、挨拶や人との接し方、仕事のイロハを教えてくれた人生の先輩です。繰り返しますが、肩書きや出自、見た目や言動だけで人を判断するのではなく、その人の本質を見ようとする姿勢は、この社会の目立たないところにある仕事を経験したからこそ身についたと思っています。

数年後、そのことを改めて再確認させられる出来事が起こりました。

1995年1月17日の阪神・淡路大震災。マグニチュード7・3、最大震度7の巨大地震が、神戸市内を中心に未曽有の大災害を引き起こし、6000人を超える命が失われました。

当時、海上自衛官だった私はそのニュースを見て、いても立ってもいられず、職場に1週間の有給休暇を願い出て、災害ボランティアに参加するために単身で神戸に乗り込みました。とっさに思い立ったことですが、お世話になった「専務」に恩返ししきれていないことへの心残りがどこかにあったのです。

救援物資を車に積み、到着したのは最も甚大な被害に見舞われた神戸市長田区。現場は想像を絶する瓦礫の山で、テレビで見る以上に凄惨な光景が広がっていました。車を降りると仮設トイレもほとんどない状況で、周囲には排泄物の悪臭が立ち込めていました。

そんな被災地を歩いていると、その先にあったのは、思いがけない光景でした。

あの「専務」たちが、炊き出しをしているのです。

私が救援物資を手に駆け寄ると、「専務」は一言、こう言いました。

「おう、久しぶりやんけ。そんなもんいらんから、ちょっと手伝っていけ！」

まだ余震の続く被災地で、被災者の方々に豚汁や焼きそばを振る舞う「専務」の横で、私もしばらくの間炊き出しの手伝いをしました。未曽有の大災害にも負けじとたくましく生きるその姿を見て、自然と目に涙が溢れてきました。

見た目や肩書きで人を判断してはいけない。その奥にある物事の真理をつかまないといけない――「専務」へのこれまでの感謝の念とともに、そのことに改めて気づかされたのです。同時に、「専務」への恩返しがわずかでも叶ったことで、私の人生という物語の「神戸編」にようやくピリオドが打たれた、そんな思いがしました。

ここまでお話ししてきたように、私の人生は模範的なコースを早々に踏み外し、18歳から20歳の大事な時期を、暴走族の友達や屋台の店主、露天商の人々と過ごしてきました。偏差値の高い高校や大学を出て、大企業に勤めるような優秀な人々とは比べようもない遠回りの人生だと、読者の皆さんも思ったことでしょう。

でも、だからこそ分け隔てなく人と接し、その人の長所や得意なところに目を向けるという、経営者に必要な姿勢が磨かれたのはまぎれもない事実です。この姿勢はGラインの経営者として、採用や社員の育成においても常に大切にしています。そのことを教えてくれたのは両親でも学校の先生でもなく、「リュウちゃん」や「専務」たちだったのです。

# 第3章

# どん底――自衛隊に入隊して痛感した己の未熟さ

## 日本一の縦社会で〝挫折できた〟ことで向き合えた自分自身の価値

## 自衛隊で鍛えられたリーダーシップ

東京都心から約2時間。神奈川県の三浦半島南西部、相模湾に面した風光明媚な地に「海上自衛隊　横須賀基地教育隊」の教育施設はあります。

自衛官なら誰もが通過しなければならないのが新隊員教育です。入隊したばかりの海上自衛官は、ここで必ず半年間の訓練を受けます。親戚に連れてこられたその日から、私は国防を担う自衛官としての第一歩を踏み出しました。

勉強もろくにせず、大学にも行けず、20歳を迎えた今も中途半端なままでいる自分に嫌気がさしていた私にとって、疎遠になっていた両親からの勧めとはいえ、自衛隊の道を選択しない理由はありませんでした。ここで人生をリスタートし、一から規律も体力も鍛錬し直そうと紺色の迷彩服に身を包んだ私は自分自身を鼓舞していました。ただ、連れてこられたのが望んでいた航空自衛隊でなく、海上自衛隊という〝誤算〟はありましたが……。

厳しい訓練の中でも、特に印象的だったのは体力検定です。腕立て伏せ、遠泳、長距離走など、過酷なメニューをこなす日々。そして迎えた訓練期間最後の体力検定で、私は周囲を驚かせる結果を残しました。なんと、1500m走を除く全項目で最高ランクの「1級」を獲得し、600人もいる同期の中でトップに輝いたのです。

これまでの人生で「1番」になった経験などない私にとって、この結果は大きな自信になりました。周囲からの賞賛と尊敬を集め、自然とリーダーとしての役割を任されるようになっていきました。この経験は、それまで失っていた自信を取り戻し、新たな挑戦へと進むための糧となったのです。

訓練成績を通じて、短艇訓練でリーダーとしての手腕を試される場面が訪れました。短艇とは、救命艇などとして利用される手漕ぎボートのことで、12人の漕手とリーダーである艇長が一丸となって訓練に臨みます。手漕ぎとはいえ、長さ9メートル、重さ10キロを超えるオールを操るのは容易ではなく、いかにメンバーの結束を高めるかが鍵となります。この過酷な短艇訓練で優勝するという目標がチームに課せられ、私は自然と艇長に任命されたのです。チームの士気を高め、一人ひとりが持つ特性を活かすために、メンバーの体力検定の結果を基に役割を分析し、時には相談に乗ることで弱点を補いました。これまで目標達成への計画を逆算思考で考えることは得意でしたが、それをチーム全体に適用できたことは自信につながりました。リーダーとして振る舞い、仲間とともに結果を追求し、達成感を共有することの喜びを私は初めて経験しました。これはのちのビジネスにも活かされる貴重な経験です。

## イージス艦へのあこがれと挫折、そして決断

つらい中にも楽しさがあった横須賀基地教育隊での約半年の訓練を経て、配属先を決める時期がやって来ました。６００人の中で体力検定がトップだった私は、体力、根性ともども周囲の教官たちから特別に期待をかけられている空気を感じていました。

さまざまな選択肢がある中で、私は護衛艦「しらね」の機関士部隊への配属を希望し、護衛艦の主要エンジンの一つである蒸気タービン機関の運転監視や整備を行う日々を送っていました。

「しらね」に配属されて1年後、日本初のイージス艦「こんごう」が登場し、大きな注目を集めていました。私も「こんごう」へのあこがれを抱き、ガスタービン課程を優秀な成績で修了するなど、乗艦を目指して努力を重ねました。しかし、経験の浅い私は選考に漏れてしまったのです。

どうしても諦めきれない私は、佐世保基地への異動願いを強引に実現させます。しかし、組織のルールから逸脱する行動を繰り返す私は、周囲から「わがままな奴」と見なされるようになりました。佐世保基地での護衛艦勤務中、私は上官からの暴行を受けるというつらい経験をします。当時の時代背景や私自身の落ち度もあったとはいえ、肉体的にも精神的にも追い詰められていきました。

その後、車両部隊に配属され、落ち着いた日々を送る中で、国際平和協力法（ＰＫＯ法）の施行を知ります。自衛隊に残り、本当の意味で国を守る任務に就きたいという思いから、ＰＫＯ派遣への志願を決意しました。

しかし、ここでも私の行動は独りよがりでした。今思えば、貢献よりも自分の承認欲求を優先させていたように思います。周囲の助言を聞かず、自分だけで突っ走る私に、組織からの信頼は失われていました。当然の結果として、ＰＫＯ派遣の選考にも落選。

私は自衛隊への未練を残しつつも、5年満期で退官を決意したのでした。

## 落ちこぼれの自分を鍛えてくれた海上自衛隊

落ちこぼれで、人の道を踏み外しかけていた20歳の私が、何も知らずに飛び込んだ海上自衛隊。その5年間が自分の人生にもたらした意味を、今改めて考えています。

まず、600人の訓練生の中で体力検定がトップになり、リーダーを務めた経験は、今の経営者としての基礎になっています。メンバーの個性を見極め、チームのモチベーションを高めて目標達成を目指したことは、私にとってチームビルディングやマネジメントの基本となっています。

危機管理能力も、もともと備わっていたほうですが、海上自衛隊での訓練を通じてより鋭敏になりました。同じく海上自衛隊の出身で護衛艦勤務経験のある俳優の森谷勇太さんは、自衛官を特集するウェブメディアのインタビューで、艦艇勤務が危機管理能力を養う、と語っています。些細なミスが大事故につながる可能性があるため、慎重な点検作業が求められるのです。

大組織の中での基礎訓練や規律厳守は、経営者としての組織マネジメントに役立っています。例えば、上官が視界に入った際の敬礼の作法や、「5分前行動」の習慣は、規律や団体行動を学ぶ場として非常に有効でした。

私たちの会社で実践する行動規範である「G-MIND」には、「先手必勝、笑顔で挨拶をしよう」「困っている仲間には手を差し伸べて力を合わせよう」などといった言葉を掲げていますが、これらは、海上自衛隊時代に学んだ経験がベースとなっています。もっとも、私は規律を守らず協調性を欠いたことで手痛い制裁も受けたので、その反省も込めています。

経営者として困難に直面しても楽観的に考えられるようになったのは、この海上自衛隊での5年間で鍛えられたからです。迷彩服を脱いでから、自衛隊ほど過酷な環境というものはそうないと感じます。この経験が私の胆力を形成しました。

しかし、自衛隊での成果が自己実現につながったかと聞かれたら、答えは「NO」です。イージス艦に乗れず、PKOへの参加も叶わず、出世することもなく、挫折と悔いだけが残る5年間でした。そういった意味では、この時点ではまだ生きる意味をどこかで探している途中だったのです。

陸上勤務の車両部隊にいた頃のことです。退職準備中の先輩が「この陸上勤務は、これまでの艦艇勤務に比べたら天国みたいだな」「仮に、この職場に定年までいられれば、このくらい生涯年収が稼げるよね……」と語っているのを耳にしました。このとき、私は強い危機感を抱きました。たとえ安定した環境でも成長は難しい。私は、自己成長を求めて、もっと刺激的な環境に身を投じる必要があると感じたのです。

## 自己成長のため「極限状態」の環境を求める

さらに自問自答を深めていきながら、私は自分が求めている環境について、ある「仮説」を立てました。

自分という人間は、極限状態に身を置いたときにいちばん成長できるのではないか——。

小学生から思春期にかけてぜんそくに苦しんだり、父の折檻に耐えたりと、身近な環境の中に常に身の危険を感じていた私は、いつしか自分自身を「脅迫する」思考を身につけていました。「逆算思考」にも通じるのですが、先の未来を想定して「こうしなければ、いずれまずいことになるぞ！」と、自分で自分を追い詰めるのです。

もう少し具体的にいうと、まず「こうなりたい」より「こうなりたくない」ネガティブなゴールを設定します。例えば「父の暴力は受けたくない」というものです。そのゴールに対して、「どうすれば父の暴力を回避できるか」を考え、やるべきことを列挙し、優先順位を決め、やるべき行動を積み上げていきます。

そのうえで「もう一人の自分」が「これをやらないと親父の暴力を受けることになるぞ！　それでいいのか？」と脅迫するのです。その結果、やるべき行動を実践することで、結果として「父の暴力から逃れる」未来を実現できる、というわけです。

最近の若い人からは「やりたいことが見つからない」という悩みを聞くことがあります。でも、「やりたい」が見つからなかったとしても、「やりたくない」ことや「なりたくない」自分は誰でも思い浮かぶものです。それなら、その「やりたくない」「なりたくない」を避けるためにどうすべきか、を考えればいいのです。このネガティブなゴールを設定する思考法は、特に夢を描くことが苦手な人が目標を立てるうえで有効なので、また章を改めてお話しします。

話を戻すと、当時の私は、海上自衛隊でさまざまな挫折を経験したことで、己の弱さを痛感していました。これ以上自分の弱さに負けないようにするためにも、もう一人の自分が常に「脅迫」するような極限状態に身を置く必要があると感じていたのです。

昼夜も問わず働き続け、極限まで自分を追い込める環境。己の努力で厳しい競争を勝ち抜き、大きな組織の階段を駆け上がってお金が稼げる環境。あえて言葉を選ばずにいうなら「めちゃくちゃブラック」な会社です。

海上自衛隊というサバイバルな環境で耐え抜いた自分は、それに匹敵するほどのサバイバルな環境に居続けないと、人として堕落していってしまう、と考えたのです。それが、先輩自衛官の会話から垣間見えた「生涯賃金を数えるようなサラリーマン人生」に危機感を抱いたことへの答えでした。

## 「オレが次に挑戦するステージは、A運輸しかない！」

極限状態の中で自分を追い込み、自分の身一つで勝負できる。そんな「めちゃくちゃブラック」な会社はないだろうか……。

そんな「仮説」を思い浮かべながらその日も仕事をしていると、私の目にある光景が飛び込んできました。

半袖のブルーのシャツにスラックスのユニフォーム姿で、きびきびと走りながら荷物を配達する長身の男性。大手宅配会社・A運輸のセールスドライバーの姿でした。

そのドライバーがたまたま欧米系の外国人だったこともあり、私には余計に眩しく、カッコよく映ったのです。

実は、そのA運輸には海上自衛隊の先輩や同僚も退官後に数人が転職しており、「完全実力主義で、年収1000万円も夢ではない」などの噂も耳にしていました。ある先輩に電話で聞いてみたところ「A運輸、マジ最高だよ！」と嬉々とした声が返ってきました。

何が「マジ最高」なのか、そのときは詳しく聞かなかったのですが、仲の良かった数少ない先輩がそう言うのだからおそらく間違いではないはずだ、と私は半ば思い込んでしまいました。

その先輩の話に、あの外国人のドライバーがさっそうと駆け抜けている姿が重なり、自分の中でA運輸に対するポジティブなイメージはさらに増幅されていきました。

オレが次に挑戦するステージは、A運輸しかない。

ここなら、海上自衛隊で100％燃焼しきれなかった思いをぶつけられ、自分の実力を存分に試せるステージが待っているはずだ――。

1997年2月、25歳になった私は、5年間奉職した海上自衛官を退官しました。そして、半年間の充電期間を挟んで、A運輸に入社することになります。

結論からいうと、「完全実力主義で年収1000万円も夢ではない」という噂はウソではありませんでした。のちに私自身がその「夢」を実現するからです。ただ、それ以上に思わぬ試練が私を待ち受けているのですが……。


ところで話は変わりますが、この時期に関して触れておきたい出来事がもう一つあります。およそ10年ぶりに両親と同居することになるのです。

A運輸に入社するまでの半年間ですが、父の暴力に怯え、高校2年生で家を飛び出して以来の実家暮らし。ただ、その頃には父も定年退職を控え、母の容体も落ち着き、大学生の弟も成人を迎えていました。いろんな節目が重なったことで、荒牧家にはこの10年でいちばん平和な時間が流れていました。私も両親も、お互い過去のことに一切触れることなく、淡々と毎日を過ごしていました。

両親からも「あのときはごめんな」とお詫びの言葉が出ることはありませんが、もっとも謝られたところで過去はもう戻ってきません。ただ、こちらも今さら両親に過去を責めるようなことはしたくありません。お互いがお互いを赦《ゆる》し合っている、そんな新しい家族関係が、長い歳月を経て自然に構築されたのかもしれません。

妬まない、恨まない、比べない。

祖母の言葉を思い浮かべながら、次のステージに向かうまでの束《つか》の間、私は一家4人で食卓を囲む穏やかな生活を過ごしました。ただ、私に割り当てられた部屋には、相変わらずエアコンはありませんでしたが……。

# 第4章

# 挑戦——サービス残業、重労働、安月給のブラック企業に入社

周りにとって〝非合理〟な仕事でも、そこに自分の進むべき道がある

## 先輩ドライバーに同行し書きためた「秘伝のレシピ」

海上自衛隊を退官してから約半年後の1998年9月。私は、福岡市内にある大手宅配会社・A運輸のX営業所の倉庫に立っていました。

現在の人手不足とは正反対の当時、ドライバーの志願者が多く、私は半年待ちの末に、時給800円の倉庫の夜勤アルバイトからスタートしました。倉庫での荷物の仕分けや積み込みは、ドライバー昇格のための「研修期間」のようなものです。周囲はライバルです。そんな環境でも、海上自衛隊で培った規律と礼儀、そして持ち前の負けん気を武器に、誰よりも大きな声で挨拶し、機敏に動き回り、いち早く社員の目に留まるように努めました。

同時に、優秀な先輩ドライバーのスキルを「盗む」ことにも余念がありませんでした。休日は「助手席に乗せてください」と頼み込み、配達や営業に同行させてもらいました。彼らの行動を細部まで観察し、何が顧客や職場から評価されているのかを分析、ノートに書き留めていきました。

こうして完成したのが、優秀なドライバーの長所や強みだけを集めた「秘伝のレシピ」です。顧客への挨拶、営業トーク、配送ルートの選定、運転マナーなど、あらゆる要素を網羅したこのノートは、私のドライバーとしての成長の羅針盤となりました。

セールスドライバーとして順調に業績を伸ばし、営業所内で目立つ存在となっていくなかで、次第に職場内に不穏な動きが見られるようになります。

私に割り当てられるシフトや荷物の振り分け方が、ほかのドライバーより明らかに負荷が大きいのです。「おかしいな?」と思いながらも意に介さず淡々と仕事をこなしていたのですが、のちにその理由が発覚し、啞然《あぜん》とします。

「荒牧を潰せ」――そんな命令が、どうやら先輩ドライバーたちに下っていた、というのです。しかも、その命令を下していたのは、気に入られていると思っていた店長でした。

しかし、私はそんな「いじめ」にも屈することなく、むしろそれをバネに、より一層仕事に打ち込みました。その結果、私と先輩ドライバーたちの差はさらに開き、営業所内での私の存在感は増すばかり。皮肉にも、私に対する嫉妬が高まるのに比例して、花形エリア百道浜《ももちはま》で「A運輸の荒牧」の評判はますます高まっていったのです。

## 「なんでお前みたいな若造が主任なんや?」

入社3年目、私は営業主任に昇格しました。20人の部下を持つ身となりましたが、彼らは皆、私より年上でキャリアも長い、一筋縄ではいかない「野武士」のようなベテランドライバーたちばかりです。年下でキャリアも浅い私の指示に従う者はおらず、「なんでお前みたいな若造が主任なんや?」と反発され、殴られたり蹴られたりすることもしばしばでした。

私が所属していたX営業所は、A運輸九州エリア内でも特にトラブルの多い「荒れた学校」のような場所で、歴代の店長はドライバーからの突き上げに遭い、短期間で次々と交代していました。ベテランドライバーたちは自分の担当エリア以外の仕事には非協力的なうえ、トラブルやクレームの責任を私に押し付けてきます。新人ドライバーはそのような環境に耐えられず、すぐに辞めてしまうという悪循環に陥っていました。

「このままではいけない。この悪習を変えなければ……」と思った私は、率先垂範の精神で、誰よりも働き、新しい規律とルールを浸透させようとしました。具体的には、担当エリアに関係なくチーム全体で集荷・配達をカバーし合うルールを導入。また、ベテランと新人の間で業務量が偏らないよう、配送が早く終わったドライバーが新人ドライバーをサポートする体制も整えました。

さらに、夜間の集荷対応も効率化しました。従来は各エリアのドライバーが待機していましたが、夜間集荷担当を当番制にすることで、ドライバーの残業時間を大幅に削減することに成功しました。

しかし、長年染みついた仕事のやり方を変えることに対する反発は大きく、ベテランドライバーたちは「なんでオレが……」と非協力的でした。そこで私は、彼らの担当ルートを全て自ら回り、配送をこなしながら、新しい働き方の有効性について身をもって示しました。

また、実際にルートを回ってみて、これまで見過ごされてきた問題点が次々と明らかになりました。ドライバーが管理する現金の不透明性、荷物の破損や汚れなど、顧客からのクレームにつながるような問題が山積していたのです。私は、部下に「当たり前のことを誠実に」を徹底させ、決められた時間に、安全に荷物を届けるという基本を改めて徹底するように指導しました。

ちょうどその頃、A運輸全体で組織改革が行われ、古い体質のドライバーが減り、新しいドライバーが増えてきたことも、私の改革を後押ししてくれました。私は新人ドライバーに対して、自分が目指す仕事のやり方を教え込み、同じ価値観を持った仲間を増やしていきました。

その結果、私のチームはX営業所内で圧倒的な取扱荷物数を記録するようになり、トラブルも激減。いつしかドライバーたちから反発の声は聞かれなくなり、私のチームは、ほかのチームの模範とされるまでになりました。

こうして、私はA運輸で営業主任として大きな成果を収めたことで、次の目標を意識するようになりました。それは、「いつか店長になって、A運輸の九州エリア全体を変えたい」という、壮大なものになっていました。

## 係長に昇格し、さらなる「問題支店」に挑む

「荒牧君。君には、来月から新設拠点Y営業所の係長として働いてもらうよ」

A運輸に入社して5年、ついに私はY営業所の係長として働くことになりました。しかし、Y営業所はX営業所以上に多くのトラブルを抱える問題営業所でした。数カ月前には管理職が一部のドライバーから暴力を振るわれ、事務所内は書類が散乱しており、トイレも荷捌きのホームも汚いというひどい現場です。商売道具であるはずのトラックは埃だらけで目も当てられません。現場ではルールや秩序が守られていないように見受けられました。当然ながら、社員の士気は低く、荷物は荷捌きホームに山積みされており、呆然と立ち尽くすホーム作業員さえいる有様です。

私は着任から1カ月も経たないうちに、ドライバーたちが会社に悪態をつく理由がなんとなく分かりました。彼らは会社側にこれまで何度も環境改善を求めたようですが、会社が何も対応してこなかったことに憤りを感じていたのです。

荒んだ環境の中で、まず私が着手したのは、現場の安定化です。自らトラックに乗務して誰よりも早く正確に配達を行い、動線を確保し、偏った配達エリアの見直しなど、ドライバーの負荷軽減に努めたのです。次に顧客との関係改善です。効率的な集配体制を構築するため集荷締め切り時間を設定してドライバーの拘束時間の短縮を実現しました。結果、着任から3カ月後には目に見えるほど状況は改善され、ドライバーとのコミュニケーションが少しずつ円滑になっていきました。

## 大規模支店の「ナンバー2」に大抜擢

波乱のスタートだったY営業所への赴任から1年半が経った頃、私に新たな「栄転」の話が舞い込んできました。

「荒牧君。今度は君に、Z営業所の営業課長として頑張ってもらいたい」

ついに、営業所のナンバー2である営業課長に昇進したのです。しかも、Z営業所といえば160人の社員を抱える、A運輸九州エリア内でも大規模店に分類される主要営業所です。課長になっていきなりそのポジションを任されるのは、自分でいうのもおこがましいのですが、当時としては異例の大抜擢だったと思います。

ただ、あくまで私が見据えている〝山頂〟は、店長となってA運輸の九州全体を改革することです。その意味では、自分の中では課長というポストはまだ5、6合目の通過点であり、これまで経験した改革ノウハウをこのZ営業所でも横展開し、さらに実績を積み上げることで店長への足掛かりをつかもうと私は意欲に燃えていました。

一方で、停滞する営業所を次々と改革し、社内でも「問題店舗の改革請負人」として知られるようになったことによる傲慢さも、この時期にはあったと思います。仕事のできないベテランの管理職を「公開処刑」のように怒鳴りつけることもしょっちゅうでしたし、そういう高圧的なスタイルが私の代名詞のようにもなっていました。「荒牧というヤツは、改革はするがとにかく気性が荒いらしいぞ」という噂は少しずつ広まっていたようです。ただ、当の本人はまったく意に介していませんでした。

「やり方がいくら強引だろうが、それで成果が出ているのだからなんの問題があるんだ？　次の場所でも成果を出せばそのうち周囲も黙るだろう」

Z営業所は福岡県南部の広いエリアを管轄する営業所です。着任してからの3カ月はあえて何もいわず、部下の係長やドライバーたちの個々の仕事ぶりや勤務態度、仕事の全体的なルーティーンなどをじっくりと観察し、現状把握にあてることにしました。

そこで見えてきたのは、大規模な主要店舗にもかかわらず、田舎の店舗ならではのローカルルールが横行しており、とても同じ会社とは思えないほど仕事の進め方が非効率だったことです。これまでのX営業所、Y営業所もいろいろ問題はありましたが、それらとも比較にならないほど旧態依然としていたのです。

また、これまでにも見られたことですが、それぞれのドライバーが身勝手に行動していて、新人ドライバーなど立場の弱いドライバーに負担が集中していました。さらに、社内にマイナスの影響力を及ぼす「モンスター社員」ともいうべきドライバーが数人いて、エリアごとにほかのドライバーたちを実質的に仕切っており、管理職である係長も彼らをまったくコントロールできていませんでした。

こうした統制の利かない環境では、当然クレームの電話が朝からひっきりなしにかかってきます。クレームの着信が一日に700コールはあり、20人近い受付の事務員がその対応に追われていました。聞いてみると、その半数以上が荷物の破損・汚損に関するもの。ドライバーのマナーに関するクレームも少なくありませんでした。

3カ月をかけて人、組織、エリアの観察と現状把握を終えた私は、Z営業所の抱える問題を徹底的に分析しました。それをもとにZ営業所の「改革アクションプラン」を策定。宅配会社にとって最大の繁忙期である12月に、そのアクションプランを実行に移しました。

## 大規模支店で断行した「池の水ぜんぶ抜く作戦」

まず、影響力を持っているモンスター社員を排除する必要がある、と考えました（何度も繰り返しますが、あくまで約20年前の話です。「排除する」という言葉が今日の社会通念になじまないことは重々理解しています）。

テレビ番組の「緊急SOS！　池の水ぜんぶ抜く大作戦」をご存じでしょうか。全国各地にある巨大な池の水を文字どおり全て抜き取り、生態系を破壊する元凶となっている巨大魚や外来種の魚を捕獲する、という人気ドキュメンタリー番組です。

例えが悪いのを承知でいうのですが、まさにこの「緊急SOS！　池の水ぜんぶ抜く大作戦」と同様に、組織に悪影響をもたらす「外来種」を排除しないことには、皆が前向きに仕事に取り組み、着実に売上を上げ、職場の空気を変えていく好循環は生み出せない、と考えたのです。

もちろん、それは強引に首を切る、ということではありません。彼らが棲息《せいそく》しにくいように「水」、つまり組織の環境や風土をきれいに浄化していこうと考えたのです。

具体的には、これまでと同様に「当たり前」を徹底させることです。挨拶や身だしなみはもちろん、荷物の取り扱い方、協力会社への接し方、社員同士の思いやりと協調の精神といった、A運輸のセールスドライバーとして最低限守るべきルールを明文化し、しつこく徹底させました。

一方で、社員と接する際には、これまでとは少し異なるアプローチも取り入れてみました。社員とのコミュニケーションでも少し冗談を言ったり、笑顔で接したりすることを自ら率先し、なるべく職場に「笑い」が生まれるようにしたのです。そうすると、「荒牧課長＝怖い人」と身構え、距離を置いていた社員も緊張が解け、こちらを信頼して話しかけてくれるようになりました。

そうして社員との関係を少しずつ構築していったうえで、とりわけ力を入れたのが社員の教育です。

パソコン操作が得意な社員にパワーポイントの操作を教えてもらいながら、30ページに及ぶ業務マニュアルを自作しました。アルバイト時代に書き留めた「秘伝のレシピ」も含めた、これまでの仕事の進め方の成功法則を業務フローごとにまとめ、さらにA運輸の社員であれば知っておくべき会社の経営理念や行動規範なども盛り込んだ、これまでの集大成ともいえる「セールスドライバーの教科書」です。印刷代は自腹で負担し、160人の社員全員に配付しました。

このマニュアルを用いて、まずは新入社員を対象に、一日の勤務が終わる19時から2時間の講義を半年間、毎日続けました。これまでの古いやり方や考え方に固執しているベテラン社員に講義したところで、効果はたかが知れています。それなら、経験がなくて何にも染まっていない新入社員を戦力化するほうが早い、と考えたのです。

私の研修を受けた社員は半年間で40人以上になりました。彼らは、いわば私と同じ価値観や行動規範、成功法則などを全てインストールした状態で、現場へと配属されていきます。すると、各エリアでみるみるうちに業績を上げ、あっという間に古参のベテランドライバーたちに追いつき、そして抜き去ってしまいました。

彼ら新人ドライバーには、私が考案した「提案営業」という営業手法にもチャレンジさせました。当時、世の中ではアマゾンや楽天などのＥコマースビジネスが伸びてきていたので、Ｅコマース物流に特化した提案営業の開拓を彼らにやらせてみたのです。

まずは実際に彼らを現場に同行させて、私が自ら提案営業を行い、顧客を獲得するまでの一連の流れを見てもらいます。次に、彼らが見よう見まねで客先に飛び込み、提案営業に挑みます。でも、もちろん最初からうまくはいかないので、今度は私が現場についていき、クロージングまでサポートします。

そのように初めのうちは私がＯＪＴで指導するものの、若いドライバーたちはのみ込みも早く、すぐに独り立ちして提案営業の実績をどんどん積み上げていきました。これまでの旧態依然としたやり方に固執するドライバー、会社にぶら下がるだけのベテランドライバーたちはもう追いつけないほど、差は開く一方です。業績ではっきりと差をつけられ、職場にいることがいたたまれなくなったドライバーは自ずと会社を去っていきました。

これが「水をきれいにする」ということです。まさに私の思惑どおり、陰で影響力を及ぼしていた〝外来種〟ドライバーたちはすみにくさを感じ、いなくなったのです。そのことで職場には活気が生まれて明るくなり、クレームの電話も激減しました。

経験者より未経験者を重視し、マニュアルと研修によって早期に戦力化するアプローチは、このZ営業所の頃に確立されました。これらのアプローチは今日のGラインにおける「即戦力より新戦力」という採用方針や社内教育制度の原点となっています。

## 「荒牧課長を降格させてください」

「荒牧君。実は、こんなものが提出されたのだが……」

ある日、店長室に呼ばれた私は、店長からある一枚の紙を見せられました。

「荒牧課長の降格を求めます」――それは、私を除く全ての課長と係長の連名による「連判状」でした。

ほう、なかなか面白いことをするな……私は内心、ニヤッと笑って店長に詰め寄りました。

「ここに署名している管理職たちは、平均月収が65万円くらいでしょうか。8人いれば月500万円もの人件費がかかっていますよね。でも、この人たちってなんの結果も出さずに、偉そうにしているだけ。会社にとってみればコストでしかないわけですよね。この8人分を1人で回せる仕組みを、僕はもう作りました。だから店長、決断してください。私と彼ら、どっちを取りますか？」

今思えば、かなり傲慢な物言いを店長にしてしまったと反省しています。でも、この言葉に偽りはありません。覚悟をもって営業所の組織改革に挑み、人を育てる仕組みを作り、売上を上げ、風土を変えてきた、という自負がこちらにはあります。一方で、改善の努力を何もせず、肩を寄せ合い、店長に泣きつく管理職たちがただただ情けなかったのです。

「まあまあ……君の言うことは分かるよ。でも、やり方というものもある。この書類は私が預かっておくから、管理職たちとはうまくやってくれよ」

店長は、そんな当たり障りのないことを言って私をたしなめました。確かに、彼らの立場としては直属の部下である新人ドライバーに対して、私が頭を飛び越して直接指導するのが気に食わなかったでしょうし、当時の私はこれ見よがしに係長たちを怒鳴りつけていましたから、パワハラ（当時はまだその言葉はありませんでしたが）を訴えるのも無理はありません。

でも、私からするとこれも「池の水ぜんぶ抜く作戦」の一環でした。若手ドライバーを褒めて伸ばし、逆に仕事をしない係長にはわざと高圧的な態度で接することで、その場に居にくい空気をつくろうとしたのです。

ともあれ、係長たちに恨みを買い、降格を訴えられながらも、私は意に介することなく若手ドライバーたちの育成に取り組み続けました。ドライバーたちも私の叱咤激励に応え、新規顧客をどんどん獲得してくれました。

その結果、ここでも嬉しい出来事がありました。A運輸の九州支社が主催する「新規顧客獲得キャンペーン」で、Z営業所が総合1位を獲得したのです。それだけでなく、あれだけクレーム対応に追われていた事務員たちにも余裕が生まれ、社内の電話対応コンクールに出て表彰を受けるなど、さまざまな副次的効果が生まれました。

私が営業課長として在籍した1年8カ月の間に、Z営業所の「水」は浄化され、まったく別の組織に生まれ変わったのです。

またしても「問題店舗」を改革し、生まれ変わらせたことで、自身のやり方を疑わなくなっていました。

正直に打ち明けますが、このときの私はかなり有頂天になっていました。不遇の少年時代を過ごし、大学にも行けず、海上自衛隊でも挫折を味わった自分が、A運輸という誰もが知る大企業で成果を挙げ、出世の階段を順調に駆け上がっている。自ら編み出した改革手法にも大いに手ごたえを感じていましたし、「店長になってA運輸の九州エリアを変えたい」という目標もいよいよ視界にとらえるところまで上り詰めた、という実感がありました。

何をやっても負け続きだったオレの人生は、今まさに大逆転しようとしている。この先も、きっと明るい未来が待っているはずだ——そう信じて疑いませんでした。

## 「地獄の管理者研修」でさらに深めた自信

Z営業所の営業課長として改革を推し進めていた時期、私にとってもう一つの転機となる出来事がありました。会社からの派遣で、「管理者養成学校」の基礎コースを受講したのです。

管理者養成学校とは、社員教育研究所が1979年から運営する、全国の企業の管理職向けの研修機関です。静岡県富士宮市、富士山の裾野で行われる13日間の研修プログラムは、日常から切り離された環境で、スピーチやディベートなど管理職に求められるコミュニケーションスキルや思考力を集中的に鍛えられます。通称「地獄の特訓」と呼ばれるほどのスパルタ研修で、脱落者は少なくありません。

この研修には、名だたる上場企業の課長級以上の社員約70人が参加していました。まずは、羞恥心を捨てるために駅のホームの前で大声で歌う「駅頭歌唱」や、40㎞にわたる夜間行進など、肉体・精神の限界に挑むプログラムが続きました。

結果として、私はこの研修を首席で卒業しました。脱落者が続出するなか、私にはこれまでの週末家出や海上自衛隊時代の訓練といった逆境に追い込まれた経験で、理不尽なストレス環境に対する耐性がほかの人より備わっていたのでしょう。そして、これが管理職に求められる資質であると実感しました。

もう一つの収穫は、「自分はどんな企業の管理職と比べても遜色がない」という自信です。大手企業のエリートたちと競い、明確に1位という結果を得た事実が、新たな自信につながりました。学歴もなければ、人とは違った道を歩んできた自分でも結果を出せるのだと証明できたことで、私は「どこへ行っても通用する」と確信したのです。

さらに驚いたのは、のちに知ったある事実です。実は、父も若かりし頃、電電公社の管理職としてこの研修を受けていたのです。

弟が生まれてから私と距離を置き、中学から高校にかけては繰り返し私に暴力を振るっていた父。しかし、仕事に対しては誰よりも真面目だったことを私は知っていました。私は父と同じ経験をしたことに、不思議な縁を感じました。一概に比較はできませんが、父は首席で卒業していなかったと聞き、「父を超えたかもしれない」と、心の奥にのしかかっていた重みが、少し軽くなったように感じました。

短くも濃密な13日間を過ごした管理者養成学校。ここで学んだことが現在のGラインの経営方針や管理職の育成方針にも少なからず反映されています。のちの経営者人生においても、ここでの経験が大きな糧となりました。

## ついに辿り着いた「店長」の頂

Z営業所でも営業課長として文句のつけようのない実績をたたき出し、さらには管理者養成学校も首席で卒業したことで、私はA運輸九州エリア内で自身の評価が高まっていることを感じていました。

そして、長く目標に掲げていた「その日」がついに訪れます。店長の辞令を拝命したのです。

しかも、当時の新人店長はまず福岡県外の小さい営業所を任され、徐々に大きな営業所へとステップアップするのが通常のルートでしたが、私に与えられたのは、九州エリア内では格が高いとされていた福岡県内のW営業所。店長初任でいきなり福岡県内の営業所を託されたことに、私への会社の期待が表れていると思うと、いっそう身が引き締まる思いがしました。

私の店長への昇進を後押ししてくれたのが、九州エリアを統括する九州支社支社長の

Gさんでした。Gさんは A運輸内で私が最も憧れた上司で、現在でも交流が続いているほど慕っている人物です。これまではとにかく自分本位で仕事を頑張ってきた私ですが、このGさんに出会ったことで初めて「この人が社長になればA運輸はもっと飛躍する！　まずは結果を出してGさんに認めてもらいたい」という感情が芽生えました。

そのためにも期待に応えるべく、W営業所の店長として誰にも文句を言われない成果を残そう、と私は自分自身を鼓舞しました。

この頃には仕事の成功法則も人材育成のメソッドも自分の中で確立されていたので、W営業所でもそれらのメソッドをさっそく適用し、ドライバーの育成に取り組みました。結果はすぐに表れ、顧客数、取扱荷物数などの数字が面白いように伸びていきました。

A運輸の東京本社で開かれる、全国各ブロックの優秀店長だけが集まって社長と一緒に会議ができる「全国店長会議」に九州の店長代表として参加したり、社内報に「注目の店長」としてまるまる2ページで特集されたり……新任の店長でありながら、社内でスポットライトを浴びる機会も増え、私はますます鼻を高くしていきました。

このとき、36歳。給料も月額で100万円を超えていました。海上自衛隊時代に聞いていた「完全実力主義で年収1000万円も夢ではない」の噂を、ついに現実のものにしたのです。

時給800円の荷物仕分けのアルバイトからスタートした自分が、ついに目指していた〝山頂〟まで到達した。その達成感に浸りながらも、毎月振り込まれる通帳の額を見たときに、ふと不安が襲ってきました。

「この給料に見合うだけの価値を、果たして自分は今後も会社にもたらしていけるだろうか……?」

会社の評価制度や、Gさんをはじめ上司のサポートのおかげで、自分はラッキーなことに周りより早く店長のポジションに就くことができた。そこで手にする100万円の月給は、決して自分だけの力でつかみ取ったものではない。そのことは自覚していました。だからこそ、「今の立場に見合う成果をもっと出さなければ!」との葛藤や焦りは、日を追うごとに高まっていくのでした。

店長着任から1年が経った頃、突然の人事異動が発表されました。九州支社長のGさんが本社へ、同時に九州支社ナンバー2の営業本部長Hさんが関東へ異動することになったのです。

まさに青天の霹靂《へきれき》でした。両氏を中心に空前の盛り上がりを見せていた九州エリア全体が、大きな落胆とため息に包まれたことを今でも鮮明に覚えています。

Gさん、Hさんは業績向上だけでなく、多岐にわたる改革を成し遂げ、そのカリスマ性で多くの社員を魅了してきました。寂しさはありましたが、「頑張ればいつか、どこかで再び一緒に働ける機会があるはず」と前向きに考え、店長としての職責を全うすることに専念しました。

新体制になってから半年後、後任の営業本部長Eさんが営業所を訪れ、「最近業績が順調そうだな」と声をかけてきました。私が店長に昇進してから1年半が経過した頃のことです。

「いえ、私の力ではなく、部下たちのおかげです」と私が答えると、営業本部長Eさんは半年後の人事について切り出してきたのです。

「お前が受けてくれるなら、私から支社長F（後任）に伝えるからそのつもりでいてくれ」

思いがけないポストの提示に、私は「これでまた一歩上に上がれる！」という喜びで胸がいっぱいになり、さらに業務に励むことになりました。

しかし今思えば、このあと、私がやや強引に事を進めすぎたことが原因で、思わぬトラブルへと発展していくことになるのです……。

## 立て続けに起こった、謎の内部告発

私は次のポストを意識しながらW営業所の総仕上げに突入していました。当時のW営業所は他店と比べて車両事故が多く、安全管理体制に課題を抱えていました。軽微事故が多発しており、「いつか重大事故が起きるかもしれない」と感じていた矢先、1カ月で2件もの重大事故が発生しました。営業所の規模からすれば、これは由々しき事態です。「また事故が発生するのではないか」と、おちおち夜も眠れない日々が続きました。

安全管理課の管理者とともに事故原因の究明にあたり、全社員と再発防止に努めていた最中、前回と類似した事故が起きてしまいました。前回事故の際に決めた安全運転上のルールが守られていなかったのです。

大惨事になりかねない事故が連鎖しているにもかかわらず、安全管理者は他人事のように振る舞っていました。事故報告書も未作成で、今後の対策を問うと「頑張ります」という言葉しか返ってきません。彼の無責任な態度に失望し、異動を1カ月後に控えた私は、彼の降格人事を総務に上申しました。

その後、事故の連鎖は収まりましたが、ある日、A運輸九州支社の人事部員2人が突然やって来ました。「店長に殺されます。助けてください!」という私を告発するFAXが人事部に届いていたのです。W営業所社員一同の名で送られたそのFAXには、私を陥れるための悪意ある嘘が並んでいました。

その結果、私は翌日から営業所への出入りを禁止され、九州支社への通勤を命じられました。社員との連絡も禁止され、約1カ月間、なすこともなく会社内で軟禁状態となりました。

人事部からは、ドライバーの代金引換金着服事件の隠蔽が就業規則違反に当たると指摘されました。確かに半年前、私は当事者の即刻解雇を避けるため、損害金を私費で補填し、未報告処理していました。

その後も告発は続き、事態はさらに悪化します。のちに判明した背景として、W営業所には地元採用者が多く、「ムラ社会」的な排他的組織風土がありました。そこへ外部から来た若い店長である私が次々と改革を進めたことで不満が蓄積。安全管理課の管理者の降格人事が引き金となり、一気に爆発したのです。

当時36歳だった私は、正論を振りかざして部下たちを追い詰めていました。今では「ロジハラ」として認識されるような行為だと思います。W営業所内の人間関係や社員の心情への配慮が不足していたことは否めません。

## 「こんな会社、こっちから辞めてやる!」

荒牧店長を陥れてやれ──聞けば数カ月前からその空気がW営業所内に生まれ、ドライバーから事務員、アルバイトへと一気に広がり、私は完全に孤立していたのです。そもそもの手法が強引であり、結果さえ残せばいいという自分本位な考え方、そしてできない社員に対しての高圧的な言動が営業所内の不協和音の原因となっており、この一件で私が「レームダック」状態だったことに気づかされました。

ついこの間まで出世の階段を一段飛ばしくらいの勢いで駆け上がっていたはずなのに、誰よりも結果を出してきたはずなのに、翌月に控えた異動がこれで取り消しになるかもしれない……。途方もない絶望感に押し潰されていた私に、さらなる追い打ちが待っていました。

ある日、私の会社携帯に一本の電話が入りました。受け取ると、その女性は「本社の福利厚生担当の○○と申します」と名乗りました。

「来月付けで九州支社への異動が出ていますので、○日までに社宅から退去してください」

社宅から出ていけ、だと？

当時、異動が多かった私は課長以上の管理職が利用できる社宅制度を利用していました。社宅から退去させられるとは……すなわち、それは「降格」を意味していたのです。

後日、私は耳を疑うような人事異動が内示されていることを知りました。なんと、2階級降格の係長への辞令が下されていたのです。しかも、九州支社の窓際にある、部下もいない閑職ポストです。おまけに給料も半分にするという、あまりに一方的で到底受け入れ難いものでした。

私は慌てて上長である営業本部長Eさんに電話をかけました。「部長、聞いてください！　一体どういうことですか？　なぜ降格なんてことになるんですか？」私は感情的になりながら訴えました。「それに、告発文の内容が全て事実認定されているなんて、おかしいでしょう？　弁明の機会すら与えられないなんて！」しかし、部長は面倒くさそうに「支社長Fはお前をドライバーにまで降格させろと言っていたんだ。俺が頼み込んで係長で食い止めたんだから、もうそれでいいだろう」と電話を一方的に切られてしまいました。

納得できない私は、怒りに震えながら九州支社へ直談判に向かいました。しかし、支社長Fは聞く耳を持たず、決定は覆らないの一点張りです。本部長Eも、弁明の機会も与えず、告発文の内容を一方的に事実と認定した支社長Fの判断は絶対だと言い放ちます。

彼らのあまりに理不尽な態度を前に、私の怒りはついに頂点に達しました。「もういいです！　こんな会社辞めてやる！　しょうもない上司に人生を握られてたまるか！　こんな会社、こっちから辞めてやる！」ついには、会社を辞めるという、取り返しのつかない言葉を口にしてしまったのです。

自分の言動が不適切であったことは重々承知しています。まだ30代半ばの私にとって、人間的に未熟な部分があったことも否めません。しかし、これまでX営業所、Y営業所、Z営業所と、粉骨砕身して積み上げてきた実績が、たった一度の、しかも事実確認も曖昧なまま、私の人格を否定するような告発文によって全てが台無しにされようとしている。そのうえ、会社は弁明の機会すら与えず、一方的に私を断罪する。そんな会社の姿勢と上司の態度に、私はどうしても我慢することができなかったのです。

## 全てを失い、ベッドから起き上がれない日々

男に二言はありません。九州支社に怒鳴り込んだ翌日に私は退職願を出し、12年間お世話になったA運輸を退職しました。

昼夜も問わず仕事に没頭し、さまざまな苦労を乗り越えてきた会社員人生も、辞めるときは本当にあっさりしたものです。妻にも事後報告で一言だけ「辞めてきたけん」と伝えました。

最高月収で100万円を超えていた給料も、広い社宅も全て手放しました。数カ月前

には社内報で特集されるほど波に乗っていた私は、肩書きのない、ただの無職の男に成り下がってしまいました。ようやく上り詰めたはずの〝山頂〟から足を滑らせ、真っ逆さまに転落してしまったのです。

会社を辞めた日の翌朝、不可解な現象が起こりました。全身を原因不明の痙攣《けいれん》が襲い、ベッドから起き上がれないのです。這《は》うようにしてベッドを出て、食卓に着いても、体が食事をまったく受けつけません。

「明らかにおかしいわよ。病院に行きましょう」

心配する妻の言うことも聞かず、ベッドの上でなんとかしびれる手足を動かそうとのたうち回る日々が続きました。

なぜ、自分はこんな目に遭ってしまったのか？

どうすればこんな目に遭わなくて済んだのか？

オレにとって、A運輸での12年間とはいったい何だったのか？

全身のしびれに苦しみながらも、私はノートとペンを取り出し、これまでのA運輸で起きたことを思い出しながらノートに書きなぐりました。

最初は、私を陥れた営業所の部下や、降格を言い渡した部長と支社長に怒りがこみ上げ、彼らへの恨みをひたすらノートにぶつけていました。腹の立つことや人物は挙げればきりがありません。

ふと、あの言葉が思い出されました。

妬まない、恨まない、比べない。

祖母が私に教えてくれたように、いつまでも恨みを抱えていては何も行動が起こせません。

そして冷静になって考え、ある言葉に辿り着きました。

【因果応報】

そう気づいてから、他人への恨みつらみはいったん忘れて自分自身に矢印を向け、自分が至らなかったところを振り返ってはノートにひたすら書き連ねていきました。そして、これからの人生で同じことを繰り返さないためにどうすべきかを、一人でひたすら自問し続け、改善策を探りました。ここでも、中学生の頃から続けている「逆算思考」で、これからやるべきことを整理していったのです。

## A運輸での12年間とは何だったのか

私の人生にとって、A運輸での12年間とは何だったのか。今の経営者としての自分にどんな財産や教訓を残してくれたのか。改めて振り返っておきたいと思います。

海上自衛隊で挫折を味わい、何も貢献できなかった自分が、「極限状態に身を置くことで自分は成長できるはず」と、次のチャレンジの場に選んだA運輸。荷物仕分けのアルバイトからキャリアをスタートさせ、契約社員、営業主任、係長、営業課長と順調に出世の階段を駆け上がり、最終的には目標だった店長まで上り詰めることができました。

この12年間で、自分が一人のビジネスパーソンとして大きく成長できたことはまぎれもない事実です。実力主義でのし上がっていくサバイバルな環境も期待していた以上に自分に合っていたし、その中で成果を出し、競争を勝ち抜いていく過程はゲームのように楽しくもありました。

成果をあげながら出世の階段を上っていくと、見える景色も変わってきます。その過程でGさんをはじめ、尊敬できるリーダーとの出会いもありました。それまでは100%自分に向いていた努力のベクトルを、「この人に認めてもらいたい」と初めて思えるようになったのも、Gさんとの出会いがあったからこそです。

最近では「ガチャ」という言葉もあるように、通常の人は成功の条件としていい出会いを求めがちです。しかし、実はいい人と出会うためには、まず自分が努力しなければいけないのです。A運輸の各営業所ではさまざまな困難や部下の謀反などもありましたが、諦めずに前に進み続けた結果、尊敬すべき人との出会いがあり、さらなる成長の機会を得ることができました。自分が努力し、いい人と出会い、新たなステージでさらに努力し、またいい人との出会いがある。この繰り返しによって人は成長できるということを、この12年間で身をもって学びました。

「一歩を踏み出す」ことの重要性を学んだのも、A運輸における財産の一つです。

X営業所、Y営業所、Z営業所と、私が渡り歩いたのはいずれも業績が停滞し、問題が多発していた営業所ばかりです。３つの組織に共通するのは、組織内の誰もが「このままではいけない」と問題やトラブルの所在を分かっていながら、一歩を踏み出せないことでした。

ペンギンの群れの中から、天敵が潜んでいるかもしれない海へ、魚を求めて最初に飛び込む1羽のペンギンになぞらえて「ファーストペンギン」ともいわれますが、リスクを恐れず勇気をもって一歩を踏み出すことで事態が少しずつ好転するのです。その一歩を踏み出すのがリーダーとしての役割です。

トラブルの中にまず自分が身を投じ、解決する。そのことで周りが信頼し、付いてきてくれる。そしてチームの力が強くなり、結果が付いてきて、業績の向上や社内表彰などで報われる。その成功体験を積み重ねることができたことは、間違いなく今日のGラインを経営する私の財産になっています。

また、Z営業所の課長時代に30ページにわたるマニュアルを作成したように、人材育成のメソッドやマネジメントの手法、仕事の成功法則といったノウハウを体系化し、形にできたことも、間違いなくA運輸での12年間で得られた財産です。これらのノウハウは、現在のGラインの経営理念やミッション・ビジョン・バリュー、人材育成プログラムのほぼ原形になっています。その意味でも、このA運輸での12年間がのちの経営者としての礎を築いてくれたことは揺るぎない事実です。

一方で、最後にあのような形で部下から内部告発を受け、上司から一方的な降格を言い渡され、失意のまま退職を選択した事実、弁明の機会も与えられずに2階級の降格を一方的に言い渡され、給料も半分に下げられました。私が人生を懸けてきたA運輸とは、そんな横暴な人事を平気でやる会社だったのか、という悔しい気持ちは当然あります。誰よりもA運輸が好きで、宅配業界ナンバーワンの会社にしたいとの思いが強かったからこそ、当時の失望は計り知れないものがありました。

ただ、自分自身に矢印を向けて考えてみると、自分にも落ち度はありました。部下の思いや職場の人間関係への配慮を欠いたまま、一方的に自分の考えややり方を強引に押し付けようとしたところはあったでしょう。最短距離で目的を達成したいというせっかちな性格は海上自衛隊時代にも周囲との軋轢《あつれき》を生みましたが、ここでも最終的に周囲の恨みを買い、足をすくわれる格好となったのです。

でも、正直にいうとこの時点では「自分にも落ち度はある」という自覚はありながらも、本音のところでは「上司との巡り合わせが悪かった」「部下が指示どおりに動いてくれなかった」という、相手に原因を求める意識のほうがまだ強かったように思います。まずは自分自身を変えなければいけない。私が本当の意味でそのことに気づくのは、もう少し先のことになります。

# 第5章

# 起業——運送会社としての独立

## 競合が多くとも〝気合と根性〟があれば
## それが企業の強みになる

## 「お前に必要なのはこれまでと逆の生き方だ」

12年間のA運輸で起こった出来事や反省をノートにこれでもかと書きなぐり、思いの丈を全て吐き出したことで、あれほど悩まされた全身の痙攣も気づけば治まっていました。これからやるべきことも整理でき、心身ともにリフレッシュできました。

最後は足をすくわれ、失意のうちに会社を追われる格好になり、地位やお金も全て手放した。だけど、組織改革や人材育成のパターンは確立できたし、管理者養成学校で自分の市場価値も客観的に知ることができた。経験とノウハウ、自信はこの12年間で確実に得ることができた。まだ何度でも立ち上がれる。これまでもオレは何度も逆境を乗り越えてきたじゃないか——そう思えると少し気分が楽になり、次のステージに向けて行動を起こす気力が湧いてきました。

ところが、「一歩を踏み出さなければ」との思いが焦りを生んでしまうものです。まず、知人経由で試しに投資に手を出してみたところ、大失敗。出だしからつまずいてしまいました。

その後は、起業にもチャレンジしてみたものの、これも大失敗。決して少なくないお金が消えていきました。

失敗を繰り返すうちに、気づけばほぼ無収入のまま1年が過ぎてしまいました。ある日、妻が「相談があるんだけど……」と切り出し、私に預金通帳を見せてきました。預金残高は18万円。いよいよ、お金も底を突きかけていました。

「自分なら、人様に雇われて働かなくてもなんとかできるやろ！」という勘違いが判断を誤らせ、無駄に時間とお金を浪費してしまっていたのです。子どもたちもまだ小さく、家計のやりくりが大変な時期に、妻には大きな迷惑をかけてしまいました。

いよいよ行き場がなくなり八方ふさがりとなってしまった私は、救いを求め、ある人のもとを訪ねました。かつてA運輸でドライバーをしていた頃の得意先だった、物流コンサルティング会社の社長のCさんです。

20代の半ば、まだ駆け出しのドライバーとして百道浜エリアを回っていた頃の私に目をかけてくれたのがCさんで、会うたびに物流業界の話を私に聞かせてくれました。それを機に経営に興味を持った私は、毎日仕事を終えると23時にCさんの会社に行き、マンツーマンで物流のイロハを教わっていたのです。実はA運輸のさまざまな改革で成果を上げられたのも、Cさんから教わったノウハウが考え方のベースになっています。私を一人前の物流マンとして育ててくれた恩人の一人です。

そのCさんと久しぶりに対面した私は、恥も外聞もかなぐり捨てて「助けてください！」と頭を下げました。

「分かった。じゃあ、うちでしばらく修業しろ。その代わり給料はA運輸のときの半分しか出せないぞ」

突然の頼み事にもかかわらず、私の窮状を慮《おもんぱか》ったCさんは、救いの手を差し伸べてくれました。

ただ、かつての私は福岡市内をくまなく回って新規開拓を派手に進めていたので、狭い福岡の物流業界の中では「A運輸の荒牧」との名前はそこそこ知れわたっており、いい顔をしない人も少なからずいました。そんな異端児の自分を会社に迎え入れたとの噂がひとたび立つと、Cさんにも何かと迷惑をかけることになってしまうことは、私も承知していました。

そこで、Cさんは「しばらく鹿児島に行け」と提案してくれました。自社物流倉庫が鹿児島にあり、そこでの仕事を割り振ってくれたのです。

給料は半分になり、家族ともいったん離れた生活になるものの、それでもようやく仕事にありつけた私はホッと胸をなでおろしました。「ありがとうございます！」とお礼を述べると、Cさんは少し間をおいてから口を開きました。

「とりあえず謙虚に、品を持って仕事しろよ。これからお前が学ばなきゃいけないのは、これまでA運輸でやってきたこととは真逆の考え方と生き方だ」

これまでA運輸でやってきたこととは真逆の考え方と生き方……？　どういうことだろう？　Cさんに言葉の意味を尋ねても、「自分で考えろ」と突き放されてしまいます。

「もう一度どこかでチャレンジしたいんだろ？　はっきり言うが、今までA運輸でやってきたようなやり方では世の中では通用しないぞ。もう一度しっかり自分を見つめ直せ」

私は、Cさんからの言葉を胸に刻み鹿児島に乗り込みました。

## 人間関係をこじらせ、再就職先を8カ月で退職

心機一転、鹿児島での新しい仕事が始まりました。

そこで私に与えられた仕事は、スナップエンドウ、ポンカン、安納芋などの農作物を仕分けたり、ジャガイモの芽を取ってビニール袋に詰めたりする物流作業です。曲がりなりにも2年ほど前までA運輸の店長を務めていたのに、鹿児島の見知らぬ土地でパートさんたちと一緒に単純作業を命じられたことに内心、忸怩《じくじ》たる思いはありました。でも生活もかかっているので背に腹は代えられません。

「これからお前が学ばなきゃいけないのは、これまでA運輸でやってきたこととは真逆の考え方と生き方だ」

「今までA運輸でやってきたようなやり方では世の中には通用しないぞ。もう一度しっかり考え直せ」

ジャガイモを淡々と袋に詰めながら、私はCさんがかけてくれた言葉をずっと反芻し

続けていました。これまでの仕事の進め方、マネジメントの仕方で、自分はA運輸で確実に成果を出してきたはず。それが通用しない、と言われても腹落ちしないし、考え直せ、と言われてもどう考え直せばいいのか見当がつきません。とりあえず外見や習慣から変えていこうとタバコをやめ、髪も短く整えました。

ただ、9時から17時までの定時勤務で、A運輸時代とは打って変わってプレッシャーやストレスはまったくないものの、単純作業ばかりに終始する日々にだんだんと不安が募ってきます。

「A運輸時代の半分とはいえ、オレは給料に見合う価値を出せているのだろうか？」

これまで私が怒鳴り続けていた、仕事をサボっている係長やベテランドライバーのような「お荷物」な存在になっていないか？　仕事に慣れ始めた頃、そう考えることが多くなりました。

鹿児島の倉庫には、創業以来Cさんを支え続けてきたベテランの女性役員が責任者としていました。彼女は私を温かく迎え入れてくれ、年齢も近かったこともあり、何かと私を気にかけてくれました。彼女からは着任時に3つの指示を受けました。それは「報告すること」、「順番を守ること」、そして「話し合うこと」でした。私はこれを彼女を通じたCさんからのメッセージとして受け取りました。

しかし、3カ月も経つと、素晴らしい職場環境や十分すぎる待遇に対して、「このままだと不採算社員と思われるのではないか」、「いつまでもこの状態が続くはずがない」という不安が募り始めました。これまでの失敗も、こういった私の思い込みや決めつけが原因で状況を悪化させていたことを忘れ、いつの間にか新たな営業活動の提案をしたり、他部署のサポートに積極的に関与したりするなど、おせっかいな存在になってしまいました。

「A運輸の元店長」というプライドは捨てて仕事に取り組んでいたつもりでしたが、結果としてその極端な行動が裏目に出て、職場のコミュニティを乱す厄介者として見られるようになってしまいました。

そして、ついに〝事件〟が発生します。もともと関係が微妙だった現場リーダーと些細なことから激しい口論になり、周囲を驚かせてしまいました。それがきっかけで、私は倉庫内で孤立するようになってしまったのです。

「お前はどうして勝手なことをしようとするんだ。A運輸と同じやり方では世の中には通用しないぞ、とあれほど言ったじゃないか……」

後日、福岡に呼び戻され、Cさんからお叱りを受けました。

自分がこれまで培ってきたことを、この会社で全て出し切って、どん底だった自分を何も言わず助けてくれたCさんに恩返ししたい。そんな情熱は、それまでなんの不満もなく仕事をしていたメンバーからするとありがた迷惑でしかなかったのです。その〝事件〟を境に私も居づらくなり、結局Cさんの会社を8カ月で退職することになりました。

あのとき、Cさんが言った「考える」の意味。それが、今となっては少し理解できた気がします。

謙虚さ。周囲との協調性。相手にとってのWinを考える「利他の精神」。これらが、当時の自分にはまったく欠けていたのです。

仕事の進め方一つとっても、自分の中での「こうしたい」「こうでなければいけない」との理想を追い求めようとする執着が強く、そこに最短距離で到達したいのが自分という人間です。それが仇となって、海上自衛隊のときはルールを逸脱した異動を無理やり認めてもらおうとして周囲の反感を買ったし、A運輸時代は「オレの言うとおりに働け」

と部下を強引に動かし、できない部下を一方的に怒鳴りつけていました。

しかし、相手はロボットではなく感情を持った人間です。個人でも組織でもさまざまな事情を抱えているし、これまで築いてきた人間関係やコミュニティがあるのです。そこに配慮し、彼らの思いを汲み取ることの大切さに、このときはまだ気づいていませんでした。

## 思わぬところから舞い込んだ「社長」の話

せっかく再起をかけて、Cさんのご厚意に甘え、頭を下げてつかみ取った再就職でしたが、またしても自分の身勝手な行動から、失意のうちに会社を去ることになりました。

「これでまた無職に逆戻り、か……」

この頃には長女は5歳、長男は4歳になっていたし、私も年齢的に40歳の大台が見えてきました。不惑の年齢のはずなのに、自分の身勝手さのあまり定職にも就けず、家族も養えていない。何より、世間から必要とされていない――そんな自分に苛立ちと、情けなさと、そして将来への不安が入り混じった感情を日々暮らせていました。

しかし、運というものはどこから巡ってくるか分かりません。手を差し伸べてくれたのは、またしてもA運輸時代の取引先で物流会社を経営していたD社長でした。

このDさんは福岡の物流業界内でも人格者として知られている人物で、特にA運輸のOBで独立した人や、ほかの物流会社に転職した人の多くが、Dさんを頼ってアドバイスを受けたり仕事を紹介されたりしていました。そのDさんから、私のもとに直々に電話があったのです。

後日、Dさんの会社を訪ねてお会いし、昔話にもひとしきり花を咲かせたあとで、Dさんは「本題」を切り出しました。

「ところで、荒牧さんは会社を辞めたばかりでしょう？　実はうちに休眠状態の会社があるんだ。それを利用して社長をやってみないか？」

え？　社長？　……まったく予想だにしなかった提案に、私は耳を疑いました。

「僕は何も手出しや口出しはしないよ。荒牧さんがこの会社という器を自由に使って、好きなことをやればいいじゃないか。どうかな？」

「ありがとうございます。ぜひやらせてください！」

断る理由はありません。私は二つ返事で引き受けることにしました。

思わぬところから舞い込んだ「社長」の話。A運輸を退職して以降、何かとうまくいかないことが続いていた私は、これがラストチャンスとばかりに、この会社に全てを懸け、これまで築いてきたノウハウや経験を全て投じよう、と決意しました。ここから、私の新たなチャレンジが始まりました。

ただ、会社といってもDさんの会社の管轄下にある一部署のような位置づけです。当時は苦手だった会計や財務まわりは本社の経理部門に兼務してもらい、私は新規営業に専念できる体制を整えてもらいました。Dさんも「金は出すが口は出さない」のスタンスで私に一切の権限を委ね、会社を自由に使って事業を拡大することを容認してくれました。

実際に現場に行って肝心の物流倉庫を見てみると、2階建ての安アパートのような建物の1階部分に、わずか5坪ほどのスペース。お世辞にも物流倉庫とはいい難い広さでした。

でも、狭くともここからが一国一城の主としての新しいスタート。まずは社名を付けようと思い立ち、「がむしゃら」「元気」「ガッツ」という、自らを奮い立たせるような前向きなワードを「G」のアルファベットに込め、「Gライン」と命名しました。

こうして、2013年5月、「Gライン株式会社」は船出しました（すでに休眠状態の会社があったので正確には「創業」ではありませんが、この2013年を事実上の創業年として、本書では以後「創業」と表記します）。

まずは一にも二にも、仕事を取ってこなければ会社は始まりません。私は福岡県内を駆け回り、新調した「Gライン株式会社 社長 荒牧敬雄」の名刺を片っ端から配りました。

営業に回る中で目をつけたのが、「発送代行業」というビジネスモデル。文字どおり荷主から荷物を預かり発送を代行する事業で、宅配会社から一括で安く宅配枠を仕入れ、荷主からもらう運賃と宅配料金の差益を手数料として受け取るビジネスです。当時は世の中でEコマースが急速に拡大しており、発送代行業の需要が伸びていく兆しが見えていました。

この発送代行業に特化した戦略が当たり、Gラインは初年度でいきなり1億3000万円もの売上を上げることができました。この収益を元手にアルバイト社員を雇用し、軽トラックを購入して軽配送事業にも乗り出しました。

これまでの失敗続きが嘘のように、好調なスタートを切ったGライン。ここから快進撃が続いていきます。

## 30台のトラックを購入し、退路を断つ

「福岡空港の近くに、ウチの倉庫の空きスペースがあるんですよ。条件は格安にするから、借りてくれませんか？」

創業して1年も経たないうちに、ラッキーな話が舞い込んできました。空港の周辺は物流拠点として貴重なエリアで、運送業界では「空港前」という住所が取れるだけでも大きな箔が付くのです。断る理由はありませんでした。

こうして1年後には200坪の「空港前倉庫」が新たに稼働し、Gラインは順調に会社の規模と事業の幅を広げていきました。

2013年当時は、太陽光や風力でつくった電気を、電力会社が決められた価格で買い取る「固定価格買取制度（FIT）」を時の政府が推進したことで、空前の太陽光発電バブルが到来。空港前倉庫を稼働したタイミングでソーラーパネルの保管業務、そして発送代行業務の依頼がひっきりなしに舞い込んできました。取引が倍々ゲームで増加し、創業2年で売上は3億円を突破。発送代行業に活路を見いだす戦略は、引き続き好調をキープしていました。

しかし、私は以前から「発送代行業は長くは続かないだろう」と危機感を抱いていました。

繰り返しますが、発送代行業は各宅配事業者から安く宅配枠を仕入れ、荷主が支払う運賃との差益で儲けるビジネスです。宅配料金の設定は宅配事業者の裁量で決められており、過去の傾向を見てみると3年周期で値上げと値下げを繰り返していました。そのパターンは頭に入っていたので、「1〜2年後には値上げに踏み切るだろう」と私は悲観的に予測していました。したがって、業績が好調な今のうちに次の一手を打っておく必要があると考えたのです。

想定し得るリスクを予測し、逆算で今やるべきことを考える「逆算思考」で、私はGラインの打つべき手を考えました。

その結果、導いた結論が「運送会社への転換」です。物流倉庫業はこれまで経験がほとんどなく、好調だったのがむしろラッキーなくらいでした。でも運送業ならこれまでのA運輸での経験も存分に活かせるし、一過性のブームに頼らず永続的に利益を上げられる会社にする自信があったからです。

そうと決めたら、今のうちに将来への種まきをしておこうと私は動き出しました。2年目の終わりには一般貨物自動車運送事業の許可を取得。トラックを5台購入し、ドライバーも雇用して、まずは試験的に運送事業を開始しました。

2015年、Gラインの売上は創業3年目で4億円を突破しました。この時点では相変わらず発送代行業が好調で、売上の9割を占めていました。ここで、社長の私に迷いが生じます。

「本当に発送代行業を切り離して、成功するかどうかも分からない運送業に移行していいのだろうか……?」

遅かれ早かれ宅配事業者が値上げに踏み切るだろうことは予測できていたものの、売上の9割を占める稼ぎ頭の事業を手放すことに対して大きな葛藤が生まれたのです。少ないながらも社員も雇用しているわけで、この〝賭け〟に失敗したら彼らを路頭に迷わせることにもなってしまいます。

決断を先延ばししている間に、4年目には売上は5億円の大台を突破しました。順調すぎるくらい順調な業績が続くことで、ますます決断をためらっている自分がいます。既存の顧客も、社員も増えている。このまま物流倉庫業にしがみついてもいいのではないか——。

でも、ある時点で「悩むのは1カ月だけだ」と自分で線を引きました。そして、1カ月間は一人で悩みに悩みました。

1カ月後、私は結論を出しました。

「よし、トラックを買ってしまおう！」

物流倉庫業から運送業に転換する決意を固め、その決意を形で示すために、30台の新車のトラックを一括で購入したのです。いわば、そのことで迷いを断ち切ろうとしたわけです。

このとき背負った借金は、実に4億円。オーナーであるDさんも経営には一切口出しはしなかったものの、そのことを打ち明けるとさすがに驚いていました。

もちろん私としても、千載一遇のチャンスを与えてくれたDさんへの恩を仇で返すようなことはしたくありません。そこで、Dさん、顧問税理士とも相談したうえで、もう一つ重大な決断をしました。

自分が全てのリスクを負うために、会社を買い取り、オーナーを承継することを決断したのです。いわゆるMBO（マネジメント・バイアウト）です。

幸いDさんも快諾してくれ、私はGラインを買い取り、独立。名実ともに同社の全権を握ることになりました。

まだ社員も10人に満たない時期に、4億円もの借金をして30台のトラックを購入したこと。そして、会社を買い取り独立したこと。この2点は、私の経営者としての大きなターニングポイントとなりました。かつて、海上自衛隊から次のチャレンジの場をA運輸に求めたように、「逆境に追い込まれてこそ自分は成長できるし、力を発揮できる」との思いが、私をそのような行為に駆り立てたのです。経営者人生を賭けた大勝負に臨む決意とともに、4億円の借金以上の重圧が私の肩にのしかかるのを感じました。

## 即戦力のドライバーを大量採用し、運送業を拡大

2016年の9月にトラックの売買契約を結ぶと、翌月から10回に分けて毎月3台ずつ、トラックが次々に納車されます。ピカピカの新車トラックを間近で見て、私はいよいよ後戻りできなくなったことを覚悟しました。

大変だったのは、この時点で30台分のトラックを駐車できるスペースを確保していなかったことです。結果的に1年近くかかって、空港前倉庫近くに2000坪の土地を借りることができ、翌2017年9月には本社機能もその地に移転しました。

もう一つ忘れてはならないのは、トラックはあってもドライバーがいなければ運送業は始められません。早く事業に乗り出したいと焦っていた私は、経験豊富な即戦力のド

ライバーを集めるべく、知人という知人に頼み込みました。もともと運送業界はドライバー人材の雇用流動性が高く、加えて「新車のトラックに乗れる」という触れ込み（採用を意識し、あえて新車を購入したのです）も功を奏して、1年近くで30人ものドライバーを集めることができました。

5年目には先行して20台のトラックが稼働したことで、売上は7億円を突破。6年目には30台がフル稼働できる体制が整いました。

売上の9割を占めていた発送代行業を新設のグループ会社へ移管し、Gラインは運送業に完全シフトしました。この私の経営者人生を賭けた大勝負は、見事に成功を収めることができたのです。

さらに私は攻勢に出ます。好調な業績に乗じて、私はさらに20台のトラックを追加購入。それに合わせてドライバーも20人新たに採用しました。

採用に関しては、当時はまったく苦労することなく、求人を出せば経験豊富なドライバーからの応募が殺到しました。こちらもとにかく即戦力が欲しいので、形式だけの面接を済ませ、その場でどんどん内定を出すのです。しかも経験者だから、育成にコストと時間をかける必要もなく、即戦力としてすぐシフトに入ってくれます。必然的に業績は右肩上がりで伸びていきました。

一方で、短期間で一気にドライバーが増えたものの、彼らを管理するルールや基準の整備がまだ追いついていませんでした。本来なら社長の私が腰を据えて整備すべきところですが、なにぶん忙しくて暇がありません。そこで、新たに管理職経験のある人材を採用。彼に営業責任者のポストを与え、ドライバーの管理を一任しました。

私が忙しかったのは、実は新しいマーケットに狙いを定め、現地の調査や物件探しに追われていたからです。そのマーケットとは、大阪です。

働き方改革関連法による時間外労働の上限規制が物流業界にも適用される、いわゆる「2024年問題」。2024年4月1日以降、トラックドライバーの時間外労働が年間960時間に制限されると、600㎞以上の長距離運転が事実上できなくなります。

この「2024年問題」を私は当時から見すえ、福岡から大阪への輸送網を維持するための拠点を早めに築いておく必要があると考えていました。そこで、大阪営業所の開設に向け、連日拠点探しに動き回っていたのです。

ここまで、Gラインの経営は順調すぎるほど順調でした。やっぱり自分には経営者としての才能があったんだ。大阪にも拠点を築き、もっと会社を大きくして、オレをバカにした奴ら、陥れた奴らを見返してやるぞ――私はそんな野心に燃え、ますます仕事にのめり込んでいきました。

それが、過信といえば過信だったのかもしれません。というのもこのあと、Gラインにとって創業以来最大のピンチが待っているのです。

## 好調な業績の陰で入り始めた亀裂

私が大阪に出張する機会が増えたことで、約50人ものドライバーの配車管理や業務の割り振りなどのマネジメントは、福岡の事業所にいる営業責任者に任せていました。

ところが、「好事魔多し」とはこのことでしょうか。社長の私が留守にしている間に、ドライバーたちの間に徐々に亀裂が入り始めていました。

事の発端として、急ピッチで採用を進めた弊害として、ドライバーに余剰人員が発生してしまいました。

少し補足すると、私は運送業に参入する前から経営戦略として独自の配送モデルを考案していました。これは1台のトラックを2人のドライバーで回すことで、理論上はトラックのアイドルタイムを最小化して利益を倍にできる、というものです。

この配送モデルについては、営業責任者はもちろん、新たに採用したドライバーたちにも研修を通じて教え込んでいたし、このとおりに実践すればある程度余剰人員が出ても売上や利益は上がるはず、と信じて任せていました。ところが、結果としては営業責任者やドライバーの理解が不十分だったのか、実際の運用のところでうまく回しきれていなかったのです。

営業責任者から「余剰人員が出ているのでどうにかしてください」というSOSは何度か受けていました。でも、私は私で大阪営業所のことで頭がいっぱいだし、「オレが教えたとおりにやれば大丈夫だから」「そこは現場でなんとかしてくれないか」と突き放していました。むしろ、彼のマネジメント能力の低さに苛立っていたのです。

そうして現場の問題を放置し、営業責任者任せにしてしまったツケが、結果として自分に跳ね返ってきてしまいました。

ドライバーの給与は成果報酬型で稼働実績に応じて決まっていたので、仕事が回ってこないことはドライバーにとって死活問題です。暇を持て余したドライバーたちにもだんだん不満が溜まり、営業責任者にその不満をぶつけるようになります。

営業責任者も人なので、自分の言うことを聞いてくれる従順なドライバーに優先的に良い仕事を割り振ろうとします。当然、ドライバー間で不公平な状況がますます拡大していきます。

そんな状況の中から、運送経験者を中心とした反対勢力のグループができてしまい、「なんで平等に仕事を回してくれないんだよ！」などと突き上げることが常態化していました。

さらに、彼らの不満の矛先は、会社をずっと留守にしている私に向けられます。

突き上げに耐えきれずドライバーに迎合した営業責任者と反対勢力のグループは「社長って何しているか分かんねえよな」と私を共通の敵とみなし始め、共依存するようになったのです。

こうして、反対勢力グループと、創業からGラインを支えてくれたメンバーの対立構造が鮮明になっていったのです。

私が久しぶりに本社に戻ると、社内の雰囲気が明らかに暗くなっています。もっとも私も一部の社員から逐一報告は受けていたので、状況は把握していたものの、聞いていた以上に重苦しい空気が事業所内を覆っていました。

反対勢力を束ねるグループのトップとして担がれた営業責任者は、完全に人が変わったように、私に対してあらゆる難癖をつけるようになっていました。それどころか、社内外で私や会社に対するあらぬ風評を流していたことも、一部の社員からは聞いていました。

A運輸にいたときも、このような場面には何度も遭遇しました。特にベテランのドライバーは一匹狼のような気質が強く、不満があると徒党を組み、職場の上司やトップをつるし上げて難癖をつけてくるのが、古くからの運送業界の悪しきパターンです。Gラインも例外なくそのパターンに陥ってしまったのです。

もちろん、私にも落ち度がありました。この1、2年でGラインに可能性を感じて入社してくれたドライバーたちとのコミュニケーションが不足していたし、現場がSOSを発していたにもかかわらず、適当にかわしながらフォローを怠っていました。

しかし、反省したところで後の祭りです。もはや社長である私にも制御できないほど反対勢力グループが強大化し、Gラインは彼らに半ば乗っ取られたも同然の事態に陥ってしまいました。

## 反対勢力の謀反で創業以来最大のピンチに

2018年5月24日。今でも年月日をそらで言えるほど、その日は忌まわしい記憶として残っています。ついに、ドライバーたちの溜めていた不満が一気に爆発した「事件」が起こったのです。

大阪の物件がなんとか決まり、いよいよその年の12月に大阪営業所を開設する運びとなりました。私はドライバー社員の中からある一人の社員を見込んで大阪営業所所長として抜擢し、単身赴任で大阪に駐在してもらうことにしました。もちろん彼とも事前に話をし、納得したうえでの異動人事です。

後日、営業責任者が血相を変えて私に食ってかかってきました。

「社長、これはいったいどういうことですか？ 説明してくださいよ！」

説明？ なんのこと？ 激昂する彼を落ち着かせ、話を聞いてみると、大阪営業所所長から「単身赴任手当が口座に振り込まれていない」との連絡があった、とのことでした。

経理担当の社員に確認すると、単純なミスによる振り込み漏れでした。「ああ、そういうことか、申し訳ない」とその日のうちに単身赴任手当を振り込み、私が本人に電話をして直接謝罪をしました。

これで一件落着したかと思いきや、営業責任者は「謝って済むことじゃないですよ。これは経営責任だ！」となおも食ってかかるのです。

確かにミスをしたことは会社の責任だけど、なぜ当事者でもない彼がこうも牙をむき、些細なミスを針小棒大に騒ぎ立てるんだ……？ そのときは状況がのみ込めていなかったのですが、のちに真相が明らかになりました。

実は水面下で、反対勢力グループのドライバーたちが別の運送会社に大量移籍する話がまとまっていたのです。その移籍話を裏でまとめていたのが、営業責任者であり、精神的支配下におかれた大阪の責任者も加担していたのです。

ただ、移籍するにも口実がいるということで、経営者の些細なミスにつけ込み、揚げ足を取って「経営者がドライバーに不利益となる失態を起こした！　とんでもない会社だ！」という事実をでっち上げようとしたのです。彼らはその「作戦」を遂行し一芝居打った、というわけです。


この事件には、もう一つの背景があります。

会社を留守にしている間、私はある社員から「営業責任者が不穏な動きをしている」という情報をキャッチしていました。ある取引先と結託し、不正をしているかもしれないというのです。

もちろんこのような不正は断じてあってはならないので、どこかでこの事実を追及しなければならないと思っていたのですが、私も忙しさのあまり先送りしていました。そのうち、会社が不正を調査していることを本人に察知されたのでしょう。その事実を突きつけられる前に、単身赴任手当の振り込み忘れという会社の小さなミスを騒ぎ立て、煙に巻こうとしたのではないかと私は推察しています。

事態はさらにエスカレートしていきます。不正発覚を恐れた彼は、貸与した会社のパソコンを壊してハードディスクのデータを取り出せないようにしたり、重要書類をシュレッダーにかけたりするなど、やりたい放題の暴挙に出ました。その結果、不正についての証拠が最後までつかめず、顧問弁護士にも「荒牧さん、証拠がなければ基本的に労働者側が保護されるので、経営者の責任になってしまいます」とさじを投げられてしまう始末でした。

そんなカオスのような状況がしばらく続き、ドライバー間での対立・分断はますます深刻さを増し、経験の浅い若手ドライバーに対するいじめなども常態化しました。Gラインの職場環境は、創業以来最悪の状態に陥ってしまいました。

職場の空気が悪化すれば当然ドライバーは、ぽつりぽつりと辞めていきます。そして欠車が増え、シフトが回らなくなり、しわ寄せを受けたドライバーの不満がますます高まる、という悪循環です。

一方で、営業責任者を旗頭とする反対勢力グループは、ますます調子に乗り、職場は無法地帯と化していました。ここぞとばかりに社内外で風評を流し続けます。

「Gラインさん、なんか最近変な噂を耳にするけど会社は大丈夫ですか」と仕入先や取引先、同業他社からさえも心配されるほど、事態は深刻化していました。

## ついに起こったドライバー15人一斉退職の「Xデー」

翌月6月15日金曜日。この騒動を解決するために、管理者全員を集め話し合いました。しかし、会議室に入ると、自分の会社とは思えないほどの緊迫した空気が漂っていました。その空気を作り出していたのは営業責任者で、彼は奥で不満げな表情で座っています。実は、彼は私を会議中に怒らせ、取り乱した様子を証拠として録音するつもりだったようです。

会議中には、得体のしれない部外者まで招き入れ「謝罪しろ」「お前たちはおかしい」

「心を入れ替えろ」と無理難題を投げかけてきました。

この話し合いで気づいたことがあります。それは、彼らの標的が私だけではなく、創業から私を支えてくれたメンバーだったということです。彼らは、私や私の側近を集団で狙い撃ちにし、失脚させようとしていました。私が感情的になり間違った判断をしてしまうと、信頼するメンバーに多大な被害が及ぶと感じた私は、なんとか冷静に話し合いで解決しようと努めました。2時間に及ぶ会議は何も解決することなく、平行線のまま終わりました。しかし、その後、彼らの行動はさらにエスカレートしていったのです。

そして、2018年8月1日、ついに「Xデー」が訪れました。

営業責任者と反対勢力に属するドライバー15人が一斉に退職し、ほかの運送会社に集団移籍したのです。

この短期間で責任者2人、ドライバー15人が退職したことで現場は大混乱に陥りました。残ってくれた社員も、この状況が続けばさらに大量退職の可能性があると危機感を募らせていました。私は今後の作戦を必死に考えました。

トラブルの期間中、私は怒りをどうしようもなく感じ、誰もいない自分の部屋で壁を拳で叩くなどして衝動を抑えていました。顧問弁護士からは「何があっても手を出してはいけませんよ」と繰り返し忠告されるほど、ギリギリの精神状態でした。人生を懸けて築き上げてきた会社をめちゃくちゃにされ、彼らの集団移籍に憤りと悔しさは募りましたが、なんとか自制できたのは、長らく支えてくれたメンバーと残ってくれた社員の存在があったからです。このトラブルによる心労で体重は10kg落ちてしまいましたが、皮肉なことにこの騒動は会社を大きく生まれ変わらせる重要なきっかけとなりました。

改めてこの事件を振り返ると、私の過去の経験が十分に活かされていないことに気づかされます。

一つ目は、拙速に即戦力のドライバーを大量採用したことです。面接もほぼ形だけで、人材の見極めもせずその場で次々に採用を決めてしまっていました。経験のあるドライバーほど、運送業界に蔓延する悪い価値観や旧態依然とした仕事のスタイルが染みついており、やはりこちらの経営方針やビジネスモデルにうまく順応しきれませんでした。

全てではないとしても彼らベテランドライバーの多くは「自分主義」「他責思考」で、仕事に少しでも不満があるとその矛先を会社や上司に向けてきます。このことは私もA運輸でさんざん経験し、学習していたつもりでしたが、結果として同じ轍《てつ》を踏んでしまいまいました。私の側にも彼らに対するコミュニケーションやフォローが不足していたという落ち度がありました。

即戦力採用を進めたもう一つの弊害として、のちに分かったことですが、一時期、同業他社からは「Gラインに人材を引き抜かれた」と恨みを買っていたようです。

中古のトラックすら買えない事業者も少なくないなか、これ見よがしに新車のトラックを買いそろえ、「新車のトラックに乗れます！」との触れ込みで派手に採用を進めたことや、興味関心をもって複数人で面接にきた同業ドライバーをまとめて即採用していたことが、結果として「Gラインは強引にドライバーを引き抜き、自社だけ儲けようと勝手なことをしている」というネガティブなイメージを同業他社に与えていたのです。そういった意味では、ドライバーの大量移籍という結果を招いたことは、自業自得といえるのかもしれません。

また、営業責任者のことをさんざん悪くいってしまいましたが、改めて彼の立場に立って考えてみると、私の不在中に前例のない新しい配送プランを実行するよう命ぜられ、さらに50人ものドライバーたちの不満や愚痴を聞きながら日々マネジメントするのは、想像を絶する心労があったことでしょう。その状況に対して、私が忙しさにかまけて十分な相談相手になれなかったことで、孤立を深め、その反動から私に牙をむくようになってしまった。そこは社長である私にも責任の一端はあります。

もちろん彼らの起こした一連の不正や謀反は非難すべきですが、いったん自分に矢印を向けて考えてみると、「もっと彼らに対してできることがあったのではないか？」と思い当たる点はたくさんあります。しかし、当時の私には冷静に振り返る余裕はまったくなく、ただただ怒りに震えるしかありませんでした。

それに、一気に15人が抜けてマンパワーがガタ落ちしただけでなく、反対勢力のドライバーたちがこの時点で数人、社内に残っていたのです。闘いはまだ終わったわけではありません。

この先、どうやって会社を立て直していけばいいのか？　それともこのまま経営破綻に陥り、自分はまたしても転落の人生を歩んでしまうのか？　――怒りと不安が入り混じった感情に胸を締め付けられながら、ただいたずらに時間だけが過ぎていくのでした。

# 第6章

# 成功――
# 真似した経営に
# 勝機はない

〝己の直感〟に頼り
常識に縛られない経営で
業界を牽引《けんいん》していく

## 「池の水ぜんぶ抜く作戦」、再び

営業責任者と15人のドライバーが一斉に移籍し、会社の規模は半分近くにまで縮小してしまいました。さらに、会社に反対姿勢を示す社員が数人残っており、「受け入れ先が見つかり次第、すぐに辞める」と威嚇しています。彼らは、辞めた元営業責任者と裏でつながっているため、どこで新たな問題が起こるか分からず、不安が募ります。

残っている反対勢力の一部のドライバーは、Gラインに籍を置きながらも会社の情報を外部に漏らしたり、気に入らない社員に権力を乱用して退職に追い込んだりしています。さらに、同業他社に散らばった元社員と共謀して内外から妨害行為を続けています。特に困っていたのは、インターネット上の採用口コミサイトに虚偽の情報を投稿していている点です。

「Gラインは信じられないくらいブラック企業です！」

「この会社は絶対にお勧めしません！」

私自身にも責任の一端があるとはいえ、これほどまでに好き勝手されてしまっては、応募が途絶え、いずれGラインが労務倒産してしまうのは明らかです。そうとなれば心苦しいのですが、最終手段として彼らに辞めてもらうしか手立てはありません。私はA運輸時代に行ったあの「作戦」を、再び敢行することにしました。

未経験の若い人材を積極的に採用し、時間がかかってもいいから彼らを一から育成する。そして会社の経営理念や守るべき価値観・倫理観を明確にし、組織の水を透明にすることで、よどんだ水に慣れ親しんでいた「外来種」を一掃する――そうです、「池の水ぜんぶ抜く作戦」です。

まず着手したのは、Gラインの経営理念を明確にすること。2018年に次のスローガンを掲げました。

「日本一運送会社らしくない運送会社」

これまでの運送業界にはびこっていた旧態依然とした仕事の進め方、「正直者がバカを見る」組織風土、さらには「3K」「ブラック」などのネガティブなイメージ。あらゆる意味で、従来の運送会社の悪い習慣やイメージを覆すような運送会社をつくろう。そして、小さいながらも業界に小石を投げて波紋を起こし、運送業界そのものを変革していける存在になろう――その決意を、このスローガンに込め、社内外に発信しました。

さらに、Gラインの社員として守るべき行動規範を策定。社員に明示するとともに、社内の教育体制や人事評価制度も構築し、社員に意識づけを促しました。また、将来のキャリアパスも明確にし、社員が目標をもって業務に取り組めるようにしました。

2022年には、経営理念をさらに明確にしたミッション・ビジョン・バリュー（MVV）と、社員の行動規範をさらにブラッシュアップした「G-MIND」を策定しました。人事評価制度もこれらのMVVやG-MINDと連動させ、会社の求める行動をすれば自ずと評価が高まるようにしました（このMVVやG-MINDについては、本章の最後に詳しくご紹介します）。

結果として、これらのMVVとG-MINDが「踏み絵」となり、自らの態度や仕事に取り組む姿勢を変えられない社員は、自ずと別の会社に移っていきました。

## 採用基準で重視したのは「主体性」

次に、採用面においてもこれまでの方針を180度転換しました。

「即戦力より新戦力」――つまり、「未経験者」のみ採用する方針を明確に掲げたのです。

人手が足りないなか、本音をいえば業界経験のあるドライバーは喉から手が出るほど欲しい。でも、どんなに魅力的な人材であっても全てお断りしました。Gラインが目指すのは、これまでの運送業界の旧弊を打破し、これまでの常識にとらわれず、お客さまに対して真に価値のある運送サービスを提供する会社。そんな「日本一運送会社らしくない運送会社」を実現するうえでは、業界経験があること自体が弊害になるのです。それは、A運輸時代を含めたこれまでの失敗で痛いほど身に染みていました。

それよりは、業界の色にまったく染まっていない未経験者のほうが運送業界でチャレンジしたいとの意欲が強く、成長のポテンシャルを秘めています。彼らを積極採用し、即戦力になるよう育成したほうが、長期的に見ると何倍もの価値を会社にもたらしてくれる、と考えたのです。

もちろん、経験者に比べると未経験者のほうが一人前のドライバーに育成するための時間とコストはかかります。でも、A運輸時代に作成した30ページの育成マニュアルをベースとした、人材育成のノウハウは十分に蓄積されています。だから、まったくの未経験者でも、数カ月後には即戦力として活躍できる人材に育てられる自信はありました。もちろん、大型運転免許の取得費用も会社で全て負担し、未経験でもチャレンジできる環境を整えました。

未経験者を積極採用するとはいえ、ドライバーは信用が第一。金髪やピアス、髭・タトゥーは、応募者の中にその事実を確認した時点でお断りしました。金髪であってもピアスも勤務中に着けないのであれば認めます。「お客さまに不快感を与えないよう染め直します」と約束してくれた人は採用します。ただタトゥーだけは、たとえ小さくても例外なく不採用としました。

価値観の多様性を重視する昨今、「見た目で判断するのは考え方が古い」と思われる方も多いでしょう。私もそれは否定しません。ただ、お客さまの立場からすると、荷物を受け取る、あるいは預かるドライバーの腕にタトゥーを見つけた瞬間、「あのドライバーは怖いからもう頼みたくない」となるのです。それが運送ビジネスにおける動かざる事実です。

もう一度いいますが、運送の仕事は一にも二にも「信用」です。安全に、時間どおりに運ぶのは当たり前ですが、加えて身だしなみや髪型の一つひとつがドライバーの信用を形成する要素になるのです。そのことを採用においては徹底し、入社後も社内研修などでドライバーたちに繰り返し伝えました。

また、なるべく同じ価値観を持った人材を採用するため、これまで曖昧にしてきた面接時の採用基準も新たに策定しました。

採用基準とはいっても、コンセプトはいたってシンプル。重視するポイントはただ一つ、「主体性」です。

ドライバーをはじめとする社員に何を求めるのか？　どんな要素があればビジネスパーソンとして成長できるのか？　A運輸時代も含め、そのことを突き詰めて考え抜いた結果、導き出されたのが「主体性」というキーワードです。

与えられたシフトや配送ルートに沿って時間内に荷物を配るだけなら、極論をいえば運転免許さえあれば誰でもできます。でも、それだけでは個人として成長は頭打ちになるし、会社の業績も伸びません。自ら新規顧客を開拓しようと行動を起こす。より安全でよりスピーディーな配達を追求し実践する。それらを主体性をもってできるドライバーは自ずと業績が上がっていくし、いわれたことしかやらないドライバーとの差を広げていくのです。これだけは私自身のドライバーの経験からも、そして管理職として多くのドライバーを育ててきた経験からも断言できます。

では、どうやって応募者の主体性を見極めるのか？　ここからは企業秘密になりますが、一つだけヒントをいうと、面接に来た応募者と何気ない雑談をするのです。主体性のない人と雑談すると、その会話の中に「NGワード」が含まれているものです。「自分の生き方や考え方に保険をかけているのではないか？」「他責思考が強いのではないか？」と疑われる思考のクセが、NGワードから浮かび上がってくるのです。

こうして「即戦力より新戦力」の方針のもと未経験者を積極的に採用し続けていった結果、Gラインでは徐々にフレッシュな未経験者ドライバーの割合が増えていきました。彼らは「主体性」の採用基準をクリアしているので成長意欲も高く、私が教える行動規範や仕事のノウハウを短期間で吸収し、あっという間にベテランドライバーたちを追い抜いていきました。

## 「トラックの上で踊ってみた」で応募者が激増

運送業界の未経験者である若い人材にGラインを知ってもらい、エントリー数を増やすためには、反対勢力のドライバーたちがインターネット上にまき散らしたネガティブな風評を払拭しなければなりません。そのためには、事実に基づいた正しい情報を、その風評がかき消されるまで発信し続ける必要があると考えました。そこで力を入れたのが、オウンドメディアです。

念のために説明すると、オウンドメディア（Owned Media）とはその名のとおり「自社が保有する（Own）メディア」の総称です。主に自社サイトやブログなどが該当しますが、自社アカウントのSNSも広く含まれます。

私自身、これまでＳＮＳは触ったこともありませんでした。それでも、外部のＰＲ勉強会などで採用活動におけるＳＮＳの活用事例などは耳にしており、「運送未経験者の若い人たちに確実にリーチできるのはＳＮＳだ」との確信を持っていました。そこで、若手社員に協力を求め、YouTube、X、Instagram、TikTokなどの公式アカウントを全て開設しました。

採用ｗｅｂマーケティングの基本ですが、これらの公式アカウントから発信するコンテンツに自社の採用サイトのリンクを貼り、クリックを促してコンバージョン（＝エントリー）へとつなげるのです。ＳＮＳ投稿の得意な知人の力も借り、とにかく毎日のように投稿し続けました。

もともと運送業界のことを知らない若者に訴求するのですから、仕事内容をそのまま紹介するコンテンツでは見向きもされません。そこで、２０２１年に若手社員のアイデアで制作した動画が「トラックの上で踊ってみた」シリーズ。福岡市内の中学校・高校のダンス部に依頼して、トラックの上をステージ代わりに、ＢＴＳやＴＷＩＣＥなど人気グループの楽曲に合わせてダンスしてもらうのです。ほかにも、あえて運送会社とは関係のないコンテンツを制作し、ＳＮＳ上でどんどん発信していきました。

また、ドライバーという仕事にはきつい、汚い、臭いの「3K」職業の代表のようなイメージがどうしても付きまといます。そこで、見た目からも運送業界のネガティブなイメージの払拭に努めるため、オリジナルユニフォームを制作。さらに、地元・福岡のJリーグチーム「アビスパ福岡」とのコラボで、同チームの公式キャラクターをデザインしたラッピングトラックを採用するなど、「運送会社らしくない」イメージアップを図っていきました。

こうした一連のSNS作戦とイメージアップ作戦は期待以上にヒットして、Gラインの採用エントリー数は2022年に508人、2023年には688人（いずれも年間）と飛躍的に伸びていきました。

こうして、2018年に「日本一運送会社らしくない運送会社」のスローガンを掲げて以来、「即戦力より新戦力」の方針のもとフレッシュな未経験者を積極採用し、短期間で戦力化することで、彼ら若い社員たちが活躍する土壌が社内に着実につくられていきました。会社の新勢力となった若いドライバーたちが、私が何もいわずとも率先して動いてくれるようになり、残存していた反対勢力グループは徐々に勢いを失っていきました。

その結果、2022年、完全に血が入れ替わった「新生Gライン」が誕生したのです。

あの、15人が一斉退職した〝事件〟から実に4年もの歳月が経っていました。

## 「他人への恨み」から「原因の究明」へと意識のベクトルが変わった

一方で、反対勢力を一掃するだけでは永続的に成長・発展する組織を築くことはできません。A運輸でも、その後に転職したCさんの会社でも、そしてGラインでも、私は自分の思い描く理想像を周囲の社員に押しつけては衝突を繰り返してきました。まずは私自身が変わらなければ、いつまでも同じことの繰り返しだ――そのことは痛いほど自覚していました。

ここで、時計の針を少しだけ巻き戻します。

社員の大量退職による経営危機がピークに達していた2018年、裏切った社員たちへの怒りと悔しさを抑えきれなかった私は一人社長室にこもり、ノートを広げ、自分の気持ちや会社の現状を思いつくままに書きなぐっていました。ここではとてもいえないようなことも含め、心の底に沈殿していた負の感情を吐き出すかのようにノートにぶつけていたのです。まさに、A運輸を追われるように退職した直後、しびれる手をなんとか動かしながらノートに思いの丈を書き連ねた、あのときと同じです。

毎日、日課のように負の感情を吐き出し続け、ノートも3冊目に達した頃でしょうか。途中でふと我に返る瞬間がありました。

「……そもそも、なぜこのようなトラブルが起きたんだろう?」

そこから平静を取り戻し、他人への怒りや恨みから、原因の究明へと意識のベクトルが向き始めました。

その原因を突き止めるために、私はこれまでの人生を幼少期から振り返ってみることにしました。

幼少期から少年時代にかけて、学校や家庭で孤独と向き合ったこと。「週末家出」のサバイバル生活を繰り返していた中学時代。屋台の「リュウちゃん」や露天商の「専務」との出会い。海上自衛隊での栄光と挫折。A運輸で多くの成果をあげ将来を嘱望されたことと、一転して足をすくわれ退職に追い込まれたこと――振り返ってみると、自分の殻に閉じこもり、我を通そうとしては周囲との衝突を繰り返し、妬みや恨みを買ってばかりの人生でした。

それまでの私は周囲と衝突するたびに「アイツが足を引っ張るから……」「オレの言うとおりにやればもっとうまくいくのに……」などと、うまくいかない原因を相手に求めようとするところがありました。でも、A運輸にしてもGラインにしても、結局は私のそういった強引なアプローチが遠因となって社員が不満を溜め、何かがトリガーとなって不満が爆発し、内部告発や大量退職といった形で私に跳ね返ってきたのです。

「今までA運輸でやってきたようなやり方では世の中には通用しないぞ。もう一度しっかり考え直せ」

Cさんから言われたあの一言が、再び思い出されました。

今までの自分は我を押し通すばかりで、相手に自分のことを分かってもらおうとする姿勢が決定的に欠けていたのではないか。そこでちょっとした誤解やすれ違いが生まれ、徐々に大きくなり、相手との溝が深まっていったのではないだろうか。

その誤解をなくし、お互いに分かり合うためには、まず自分が変わらないといけない。自分自身が誠実に、包み隠さず全てを開示し、知ってもらうことが、Gラインを再建していく出発点なのではないだろうか――そのことに思い至ったのです。

これまでの思考と行動を改め、まったく新しいアプローチを試みようと、私はさっそく、ある社員を相手にそれを実践しました。

その社員とは、事件が起こる直前に、業界未経験の新人ドライバーとして入社してくれた白川です。

前述のとおり、当時のGラインは反対勢力グループに社内を半ば乗っ取られていた、動乱の最中でした。殺伐とした不安定な職場環境にかなりの不快感があったと推察します。それでも周囲に惑わされることなく、自分の芯を曲げずに仕事に取り組むその背中を、私も見ていました。そんな彼から、ある日突然、こんなことを言われました。

「社長を助けたいんです」

言葉にできないほど嬉しい感情がこみ上げました。当時の会社の状況を鑑みると、とても勇気がいる発言だったと思います。

そんな発言ができる白川の芯の強さと優しさにリーダーとしての適性を感じた私は、

「彼なら自分の思いを分かってくれるだろう」と、機会を見つけては彼と対話する時間を増やしていきました。

## ようやく気づいた「対話」と「自己開示」の大切さ

このときに意識したのが、「ストーリーを共有する」ということです。

「これから続いていくGラインの物語の、あなたも重要な登場人物である」ということを認識してもらったうえで、これから白川に期待することやキャリアのイメージ、また、未来のGラインのビジョンなど、こちらの考える「物語」をたくさん話すように心がけました。

最近、組織論においては「ナラティヴアプローチ」が注目を集めているそうです。埼玉大学経済経営系大学院准教授で経営戦略論・組織論を専門とする宇田川元一氏によると、「ナラティヴ（narrative）」とは物語であり、その語りを生み出す「解釈の枠組み」のことです（参照：『他者と働く──「わかりあえなさ」から始める組織論』／NewsPicksパブリッシング）。

宇田川氏は「ナラティヴは個人の性格を問わず、仕事上の役割に対して、世の中で一般的に求められている職業規範や、その組織特有の文化の中で作られた解釈の枠組みから生じる」と言います。私にも他人にも、それぞれが歩んできたキャリアや経験にもとづく職業規範や価値観によって形成されたナラティヴがあり、こちらのナラティヴに立って相手を見ていると、相手が間違って見えることが往々にしてあります（逆もまた然りです）。その双方のナラティヴに「溝」があることを認識したうえで、その溝に橋をかけていくのがすなわち「対話」である、と同氏は説きます（同）。

話を戻すと、私も自分の「物語」、そしてGラインという会社の「物語」を知ってもらうために、対話を通じて自分をさらけ出すことを意識しました。これまでA運輸で経験してきた成功や失敗。Gラインを創業するまで失敗続きで貯金が尽きかけたこと。縁あって休眠会社を譲り受けて、4億円もの借金をして30台のトラックを購入し、運送業界に参入したことなど……それらの「物語」を経て辿り着いた現在のGラインの状況と、この先Gラインが進むべき未来も含めて、白川とフラットな目線で語り合い、自分の考えていることを余すことなく開示しました。

彼との対話において、もう一つ意識したことがあります。「相手のことを知ろうとしない」ということです。

対話の中で、「おまえはどうなんや？」などと相手の胸の内を探るような質問はあえてしないようにしました。ただ一方的に「オレはこう思っているんだ」「このGラインをこんな会社にしていきたいんだ」と、まずはこちらから自己開示をしていくことに徹しました。

というのも、まずは自分を知ってもらい、信頼してもらわないことには、相手は胸襟を開いて話そうとは思わないからです。とりわけ当時の私は、反対勢力のドライバーたちの風説の流布によって、「悪の軍団の首領」のようなイメージを植え付けられていたので、その誤解を解くためにもまずは自分が率先して自己開示する必要がありました。そのことで、一人の人間としての「荒牧敬雄」をまずは知ってもらい、興味を持ってもらおうと努めたのです。

白川との対話を通じて、自分のことをある程度知ってもらい、信頼関係を構築できたら、同じ手法での対話をほかの社員にも広げ、自己開示を続けていきました。

このように自己開示を続けていると、面白いもので、自分の行動に変化が生まれます。「開示できないことはやってはいけない」と自分を律するようになるのです。

少しでも誤解を与えるような態度や行動は、プライベートも含めて削ぎ落とし、いつ、どこで誰に見られてもいいように自分の行動をシンプルにしました。

そのように私のほうから社員に対して自己開示をしていったこと、万が一も発生しないほど行動をシンプルにしていったことで、私の人間性を理解してくれる社員が少しずつ増え、私や会社に対する信頼が醸成されていったように思います。

## 社員一人ひとりが「理想の運送会社」を体現してくれた

このように、社員に対して率先して自分をさらけ出し、対話と自己開示を深めていったことで、社内にもう一つ大きな変化が起こりました。

社員一人ひとりが、これまで以上に自発的にやるべきことを考え、動くようになったのです。

これまでは自分の理想とする働き方や仕事のスタイルを追い求め、社員にも一方的に強要していたところがありました。それは社員の反発を招きやすいのと同時に、社長のいうとおりに動く「指示待ち」の社員を増やしてしまうことにもつながりかねません。

そうではなく、私は「これからのGラインをこうしていきたい」と会社のビジョンを開示するだけで、事細かな指示は出さないようにしました。そのことで、社員一人ひとりがその意味を自分なりに理解し、それぞれの役割や業務に落とし込み、率先して実践しようとする動きが生まれたのです。結果として、私がずっと採用基準で重視してきた「主体性」がより高まり、能動的に動く社員が増えていきました。

この現象は「自己開示の返報性」だと感じています。返報性とは、人から何かをもらうとお返ししたくなる心理作用のことです。私の自己開示が、社員の主体的な活動として返ってきているのです。

ここで、祖母の言葉を思い出します。「与えてもらうより、与えられる人になりなさい」。40年近くの時を経て、その言葉の意味をようやく理解しました。これまでは表面的に「金銭や物を与えられる人」ととらえていましたが、実際にはそうではなかったのです。これまでの失敗を経て、自身の言動を改めて自己開示を始めた結果、社員にきっかけを与え、価値として返ってきたのです。このことにとても感慨深い気持ちになりました。

社員たちは、Gラインのホームページや SNS に積極的に出演してくれています。彼らがさらに注目されるように、ユニフォームは2年に1回リニューアルしていますし、トラックデザインにもこだわるようになりました。SNS上での露出が増えたことで、社員たちは日々さまざまな場所で声を掛けられ、時には写真撮影に応じることもあります。このように、世間がイメージする従来のトラックドライバーとは異なったタレントのような存在になることで社員たちも自然と、自身の身なりや言動、そして運転マナーを意識するようになりました。いつ、どこで、誰に見られてもいいように、創意工夫を凝らすようになっていったのです。

ちなみに、採用活動におけるＳＮＳの積極的な活用を業界を超えた多くの企業に注目していただき、当社の女性社員が他企業の公式アカウントにお邪魔するコラボ企画も増えました。また、２０２４年６月からは「オウンドメディアリクルーティング事業」を立ち上げ、採用に悩みを抱える企業の求人やＳＮＳ運用代行業務を通じて採用活動を伴走支援しています。このような「運送会社らしくない」事業展開も、Ｇラインを創業した当初は思いもよらなかったことで、社員が主体的に動きながら運送業界の枠を超えて会社を発展させてくれたおかげです。

私が追い求め続けてきた「理想の運送会社」は、今、現実のものになりました。それは私がつくったのではありません。社員一人ひとりが体現してくれたのです。

## 運送業界を磨き、輝かせる存在を目指して
## ──Gラインの挑戦

ドライバーの大量退職という大ピンチを乗り越え、若い社員たちのおかげで「日本一運送会社らしくない運送会社」として大きく飛躍したGライン。今日では福岡、大阪、兵庫の3拠点を構え、80人を超える若い社員たちが日々奮闘しています。

本章の最後に、現在のGラインでの取り組みと、経営において大切にしている考え方について、3つのキーワードをひも解きながらご紹介します。

### キーワード① 「謙虚な反骨心」

この言葉は、Gラインの社員として必ず持っておくべき共通の価値観である「バリュー」として掲げています。

「謙虚」と「反骨心」という、一見矛盾するようなワードを組み合わせた、ヘンな言葉です。でも、これにはもちろん理由があります。

まず、「謙虚」は社会人としての基本中の基本です。仕事は、一人で完結できるものではありません。普段から丁寧な挨拶を心がけ、お客さまや職場の仲間に敬意を払い、互いを思いやることで仕事は好転していきます。私がA運輸時代、次々に成果をあげたことで傲慢になり、結果的に退職を余儀なくされてしまった反省も込めて、第一に謙虚さを社員に求めています。

一方で、社員には「世の中の情報は、半分信じて半分疑え」と日頃から伝えています。情報過多の現代において、情報の見極めは重要です。とりわけ運送業界というのは狭い世界で、ひとたびネガティブな噂話が立つと、それにだんだん尾ひれがついて広まっていきます。特定の人を貶《おとし》めるために風説の流布を当たり前のようにする人もいます。何よりの証拠に、私自身が数々のあらぬ噂を立てられ、裏切られたり足をすくわれたりする「被害」をこうむってきました。したがって、人の言うことを素直に鵜呑みにせず、「これは本当に正しいのだろうか？」と本質を見抜こうとする姿勢を、「反骨心」の言葉を通じて社員には求めています。

「反骨心」というのは、ただ上司や周囲の言うことに反発し耳を貸さない、という意味ではありません。

「反骨心」の「骨」には、実は「人柄」「気質」という意味があります。そこに、「反対」や「反抗」などで使われる「反」が組み合わさった「反骨」という言葉は、「反抗する気質」を意味しています。つまり、不当な権利や不正に立ち向かう心持ちや、時代の風潮・世論に反抗する気概を表す言葉が「反骨心（または反骨精神）」です。

社員一人ひとりは、社会人である前に一人の人間です。だから会社や社会のルール・規律に従うのは大事ですが、「おかしい」「間違っている」と思ったことに対しては意見を表明し、自分の信念を貫き通す気概を持ってほしい。一方で、起き得る全ての事実に対して冷静かつ謙虚に向き合い、仕事を通して人格を高める姿勢を持ってほしい。その思いを「謙虚な反骨心」のバリューに込めています。

その「謙虚な反骨心」を日頃から実践するための行動規範として定めたのが「G-MIND」です。いずれも言葉にするといたってシンプルですが、この言葉の一つひとつに「謙虚な反骨心」のエッセンスが全て凝縮されています。

# Gライン株式会社VISION MAP

## 社名の由来

世の中から「GREAT！（素晴らしい）」「GRACE！（礼儀正しく親切）」と言われたい。思われたい。そのために「（G）ガッツ！」「（G）がむしゃら！」何事にも「（G）頑張る！」。

こんな姿勢を貫く運送会社でありたいという想いから名付けられた。

## コーポレートカラーの意味

人にエネルギーを与えることができる黄色。安心感と快適さを表現した緑。この２色を交わらせ、エネルギーと安心感の両立を表現している。

VALUE

## 守るべき価値観

# 謙虚な反骨心

業界のイメージを変える存在になるために、運び屋としての技術、人格を誰よりも磨き・高める姿勢を崩さない。

## 謙虚な反骨心を体現するための方程式

### G-MIND

1. 先手必勝、笑顔で挨拶をしよう
2. みんなに注目されるような誇りある仕事をしよう
3. 気持ちで誰にも負けないようにしよう
4. 努力をしている自分を自分で褒めよう
5. 自分の劣っている点は素直に認めよう
6. 業界の当たり前を常に疑おう
7. お客様のことを想像して仕事を創造しよう
8. 悩まずに、考えてすぐに改善をしよう
9. 困っている仲間には手を差し伸べて力を合わせよう
10. 家族と仲間を全力で愛そう

＋

### G-JUDGEMENT

| 守る | × | 惚れる |
|---|---|---|
| 1. プライド（誇り） | | 1. 見た目 |
| 2. 人（お客様・社員・仲間の人生や命） | | 2. 生き様 |
| 3. 笑顔 | | 3. 新しさ・若さ |
| 4. 時間 | | 4. 素直さ |
| 5. 荷物 | | 5. はやさ |
| 6. 環境 | | 6. 団結力 |
| 7. 礼儀・礼節 | | 7. 柔軟さ |
| 8. ルール | | 8. 運送業界 |

＝

### 粋な運び屋であれ

Gラインのトラックを運転する者は、安全かつ効率的に荷物を届け（守る）、想像の枠を超えた（惚れる）挑戦を続ける粋な運び屋であること。その姿が、世の中のドライバーの模範・憧れとなることを目指す。

VISION

## 目指すべき未来

# 運送業界を、磨き輝かせる。

運送業は、世の中の生活を支えている誇るべき仕事をしていることを誰よりも胸を張って発信し業界に昔から染みついている悪いイメージを払拭する。

MISSION

## 存在意義

# 粋な運送

決められた時間に預けた荷物が約束通り届く。

そんな当たり前（粋な運送）を永続し続けることが使命。

## 必須条件

# 出来ること一生懸命、運ぶこと誠心誠意。

周囲に流されず、過信せず、楽観視しない。

まずは謙虚に愚直にやるべき仕事に向き合う。

そして、お客様に対して誠実に、真心をもって寄り添うことで自然と、自分たちの望む理想の未来が切り拓かれていく。

## キーワード② 「粋な運び屋であれ」

この言葉は、Gラインの社員一人ひとりが果たすべき「ミッション」として掲げているものです。

「粋」とは心の持ちようを表した言葉で、さっぱりしていて垢ぬけていて、カッコいい雰囲気が漂うような様を意味します。また、「純粋」などのように「混じりっけのないこと、「粋《すい》を集める」などのように、「選び抜く、突き詰める」といった意味もあります。

その「粋」を、私たちGラインでは「当たり前のことを、誠心誠意やり続けること」の意味で用いています。

決められた時間に、預けた荷物がそのままの状態で、約束どおりに届く。それが、大切な荷物を預けてくれるお客さまに対してドライバーが果たす、最低限の当たり前。その「粋な運送」を日々積み重ねることは非常に地道な作業ですが、そこにこそGラインのドライバーの存在意義があると私は考えています。

普段の身だしなみや挨拶、道具などの細部にも「粋」は表れます。トラックは定期的に洗車し、隅々まできれいに仕上げます。「きれいな仕事はきれいな道具から」と、私もA運輸時代に先輩ドライバーから教えられてきました。金髪やピアス、タトゥーをNGにしているのも「粋」とはいえない、との判断からです。

「粋な運び屋」になるための必須条件として、「出来ること一生懸命、運ぶこと誠心誠意。」という言葉を掲げ、社員に伝えています。この言葉は、実は屋台や露天商の時代にとにかく目の前の仕事を愚直にこなすしかなかった、18、19歳の頃の経験がベースとなっています。

周囲に流されず、過信せず、楽観視しない。

まずは謙虚に愚直にやるべき仕事に向き合う。

そして、お客様に対して誠実に、真心をもって寄り添うことで自然と、自分たちの望む理想の未来が切り拓かれていく。

逆にいうと、わざわざそんなスローガンを掲げなければならないほど、私がこれまで渡り歩いてきた運送業界では誠実さに欠け、当たり前のことすらできていないドライバーがたくさんいた、ということなのです。誠実に働くドライバーほど報われない「正直者がバカを見る」ことが常態化し、そのことが結果として運送業界に対する悪いイメージを蔓延させてしまいました。その反省から、社員にはこの「粋」をあえて意識してもらっています。

「粋な運び屋」であることをGラインのドライバー一人ひとりが考え追求し続けることで、運送業界におけるドライバーの模範・憧れとなってほしい。それが私の願いです。業界やお客さまの間に「Gラインのドライバーは見ていて気持ちがいい」「あんな人のように働きたい」という「カッコよさ＝粋」のイメージが広まることで、運送業界のマイナスイメージを少しずつ変えていける、と信じています。

## キーワード③「運送業界を、磨き輝かせる。」

この言葉は、Gラインが目指すべき未来、つまり「ビジョン」として掲げています。

国内における一般貨物自動車運送業は、約5万7459社あります（国土交通省／2023年11月現在）。その中の1社にすぎない、福岡の名もない運送会社が、「運送業界」という大それたフレーズを掲げていることに違和感を持つ人もいるかもしれません。

それでも、私はGラインという小さな会社の経営を通じて、運送業界のマイナスイメージを払拭し、ドライバーをはじめ働く人たちが誇りに思える業界にしていきたい、との思いを強く持っています。

運送業は、日本経済の「血液」ともいえる物流の一端を担い、日々の生活や産業活動を支える、欠くことのできない業界です。もともとの起源をさかのぼると、運送業のルーツは江戸時代の「飛脚」にあり、さらに飛脚のルーツとされる「駅伝制」は、7世紀後半頃の古代律令制の時代から存在していたとされています。それだけ、物資を運ぶ仕事は生活を支えるインフラとして欠かせない存在だったといえます。

それにもかかわらず、繰り返すように、運送業界が世間一般に持たれているイメージは「肉体労働だし、残業も多そう」「待遇が悪いのでは？」など、今もなおネガティブなままです。

それに加えて、近年ではEC市場の成長によって取扱荷物量が急増する「物流クライシス」、ドライバーの高齢化と人手不足、さらに原油高騰や法改正に伴う経営環境の急激な変化と、運送業界を取り巻く環境は問題だらけです。

外部要因については変えられないにしても、運送業界自体がもっとこれらの問題を受け止め、自ら変化していかないと、近い将来に「物が届かない時代」が本当に到来するかもしれない、と私は危機感を抱いています。

だからこそ、大それたビジョンかもしれませんが、運送業界全体を磨き、輝かせることで、ドライバー職の社会的地位を向上することに貢献したいのです。

そのためにも、まずはGラインが率先して前述した「日本一運送会社らしくない運送会社」の各種取り組みを進めていきながら、運送会社のイメージアップを図っていく必要があります。社員が「私の職業はドライバーです」と胸を張って言える、そんな会社にしていくことが、運送業に対するイメージアップに少しずつつながると信じています。

また、社長の私だけが考えるのではなく、Gラインの社員一人ひとりにも「運送業界を、磨き輝かせる。」ために何ができるかを考えてほしいと期待しています。これからの運送業界を担い、支えていくのは、50代の私ではなく、20代、30代の若い社員たちです。彼らが時間をかけてもいいので、「磨き輝かせる」ための具体的なアクションを考え、答えを導き出し、実践してくれることを願っています。

ところで、私たちのような小さな運送会社の取り組みを、見てくれている人はいるものです。2024年3月、Gラインは、2023年度「はばたく中小企業・小規模事業者３００社」の「人への投資・環境整備」分野に選出されたのです。
「はばたく中小企業・小規模事業者３００社」は、中小企業庁が全国の中小企業を対象に選定する表彰制度です。変わり続ける日本経済に対応すべく、積極的に事業変革や新規事業に挑戦した中小企業や小規模事業者を「地域経済や日本経済への成長に貢献すると期待されるモデル企業」として毎年表彰しています。

全国にある中小企業・小規模事業者の、実に38万社の中から、私たちGラインが選ばれたのです。未経験者を積極的に採用し、社内の人材育成・人事評価制度によって即戦力化するという、これまでの運送業界にない当社の取り組みが評価されました。

運送業界の常識を変え、魅力ある業界にし、ドライバーの社会的地位を向上したい――その一心で、私と社員たちが業界の常識にとらわれないチャレンジを続け、積み上げてきた努力を、このような形で認めていただけたことに感激しています。それとともに、この表彰を機に「運送業界を、磨き輝かせる。」というGラインのビジョンを、全国で頑張っているほかの運送会社とも共有し、一つのムーブメントとして業界内に広げていきたいと思っています。

# 第7章

# 遠回りでもいい、特別なスキルがなくてもいい

## 〝惚《ほ》れられる人間〟になれば必ず明るい未来が待っている

## 不器用だからこそ、「成功＝自己成長」することができた

ここまで、私の生い立ちから今日のGラインの経営者に至るまでの半生をお話ししてきました。

こうして振り返ってみると、自分でも苦笑してしまうほどスマートな生き方とは真逆の、遠回りで不器用な生き方をしてきたものです。

ここまで読んでいただいてお分かりのとおり、私には華やかな学歴も、職歴もありません。転校を繰り返し、病弱だったために学校からも家族からも距離を置き、青春時代の多くを孤独とともに過ごしてきました。大学受験などははなから選択肢になく、18歳から20歳の人生で最も多くの可能性に満ちた時期を、定職にも就かずにフラフラしながら過ごしました。

同級生と同じように、真面目に中学校・高校に通い、華やかな大学生活を過ごし、一般企業に就職するといった模範的なレールを歩いていれば、違う人生が待っていたことでしょう。しかし、好むと好まざるとにかかわらず、私はそのレールから早々にはみ出してしまい、羅針盤のない航海のような人生を歩まざるを得ませんでした。世渡りも決して上手ではなく、その過程で多くの人とぶつかり、恨みを買い、足をすくわれる経験を何度もしてきました。

今どきの若者は「コスパ」「タイパ」を好むといいますが、その意味では私ほどコスパ・タイパの悪い人生を歩んできた人はいないでしょう。でも不思議なもので、ここまで不器用な人生を歩んできた結果、今こうして優秀な社員に恵まれながら、経営者として充実した日々を過ごしているのです。人生、何がどう転ぶか本当に分かりません。

「30年後のおまえがどうしているか、知りたいか？　実は年商17億円の会社の社長をしているぞ」

神戸の街で焼きそばやホットドッグを売りながら先の見えない日々を過ごしていた20歳の自分が、もし未来から来た何者かからそう聞かされたら、どんな反応をするでしょうか？　絶対に信じようとしないでしょう。

今の私は、「いろいろあったけど、自分は人生において成功した」と胸を張って言うことができます。しかし、それは経営者として成功したから、ではありません。「成功」の定義は人それぞれですが、私はお金持ちになる、何かを成し遂げるといった経済的、社会的な成功よりも、自己実現に向けて変化し続けることが、人生におけるいちばんの「成功」だと考えています。

その私なりの「成功」の定義をふまえ、不器用で、学歴も特技も持ち合わせていなかった私がなぜ成功できたのか？　逆説的な言い方ですが、「不器用だからこそ成功できた」と確信しています。

幼少期から孤独と向き合ってきたことで形成された内向的な性格。命の危険にさらされる中で身につけた思考や習慣。海上自衛隊やA運輸という大組織で多くの人とぶつかり、失敗や悔しい経験を何度もしてきたこと――そんな不器用な生き方があったからこそ、それらの苦労やピンチを乗り越え、自己成長を果たすことができたのです。逆に効率よく、周囲から期待されたルートを歩み続ける人生だったら、ここまで成長はできなかったと断言できます。

コスパ・タイパの悪い不器用な生き方だからこそ、成功をつかみ取ることができる。

そんな「不器用な成功哲学」を、本書の最後にまとめてみたいと思います。

## トラブルを成長のチャンスととらえる

「僕は〝陰キャ〟だから、社会人として向いていないと思います」

「私は〝コミュ障〟だから、周囲とうまくいかず、会社でも評価されないんです」

読者の中に、そのように悲観的、自虐的に自己分析している人はいないでしょうか？

私も、かつてはそうでした。

実は、典型的な内向的性格。まぎれもない〝陰キャ〟です。でも、会話の中で私がそう打ち明けると、大概の人に「えっ、全然そう見えません！」と驚かれます。

小学生の頃には転校を繰り返し「アウェー」な学校生活を過ごしてきたことで、クラスの輪から遠ざかり、コミュニケーションを避けることを自己防衛手段としてきました。また、両親の期待や愛情を十分に受けられず、家庭内でも孤立していました。小児ぜんそくにも悩まされ、妄想の世界に入ることで発作の苦しみから逃れようとしていました。そのように幼少期から孤独と向き合ってきたことで、自ずと内向的なパーソナリティーが形成されていきました。

今も家に帰ると、とたんに自室にこもり、内省を繰り返しています。一人で考え事をしているのが、自分にとって最も気持ちが安らぐ時間です。それほどまでに〝陰キャ〟なのです。

ちなみに、50歳を過ぎた今でも友達は一人もいません。むしろ、賛否はあると思いますが「友達はいらない」とすら思っています。

「内向型人間の進化論」というｗｅｂサイトによると、心理学上は自分の内側に意識が向く人のことを「内向型」、自分の外側に意識が向く人のことを「外向型」と、それぞれ定義されます。

前者の内向型人間には、次のような特徴が挙げられるそうです。

**人との相互作用にストレスを感じる／情報量が多い環境は苦手／**

不安が多く消極的／空気は読めるけど気持ちは読めない／思い込みが強い／全体を俯瞰することが苦手／情報処理が遅い／伝えたいことをありのまま伝えてしまう／刺激に弱い／思考や感情に注意が向きやすい

これらの特徴は、恐ろしいほど自分にも当てはまります。

同サイトによると、現代社会は外向型人間を好み、「社交性に富む」「適応がいい」などと肯定的に評価します。逆に、内向型人間に対しては「自己中心的」「不適応者」などと否定的に評価します。つまり、人と関わることが苦手な内向型人間のほうが社会の中で生きにくさを抱え、成功の確率も低い、というのです。

でも、今の私は80人を超える社員を抱える経営者という仕事に就いています。組織のマネジメントにおいても、営業や商談などにおいても、他人との関わりは避けられません。一見、外向型人間でないと務まらないように思えますが、なぜ内向型人間の自分が経営者になれたのかといえば、それは「火中の栗」を拾い続けてきたからです。つまり、社会で生き抜いていくために、他人が嫌がることや敬遠することを、自分が率先して担うことにチャンスを見いだしてきたのです。

例えば職場においてなんらかのトラブルが生じたとき、誰よりも早く手を突っ込み、解決しようとします。そのことで周囲から注目を浴びると、組織の中で目立つ存在になり、そこから次のチャンスをつかんでいくのです。

トラブルや困難を避けたり逃げたりするよりも、「よし、成長のチャンスだ」と前向きにとらえ、真正面からぶつかり、我慢、辛抱しながら解決策を導き出していきました。極端にいうと、トラブルをむしろ好んできたところすらあります。

誰も近寄らない火の中に手を突っ込むからこそ、ほかの人が得られないチャンスを手にすることができるのです。また、解決した分だけ達成感が得られ、自己肯定感が増していきます。このトラブルとの向き合い方は、内向的であろうと外向的であろうと、心がけ次第で実践することができます。

「〝陰キャ〟だから」「〝コミュ障〟だから」と嘆く人にこそ、自分の可能性に枠をはめず、トラブルを成長のチャンスにしてほしいと願っています。

## 「どうなりたいか」より「どうなりたくないか」をイメージする

内向型人間だからこそ、率先してトラブルと向き合い成功体験を積み重ねることで、私は自分流の生き方を身につけてきました。そのポイントは、大きく3つのキーワードに集約されます。

まず「①逆算思考」です。

ここまで読んでお分かりのとおり、「逆算思考」は本書でもたびたび登場したキーワードです。

中学生の頃に父の折檻から逃れようと「週末家出」を繰り返していた頃をはじめ、私は人生の多くを、身の危険と隣り合わせの状況下で過ごしてきました。そのため、常に最悪の事態を想定し、「そうならない」ための事前の準備とシミュレーション、そして事後の振り返りと検証を常に繰り返してきました。

経営者となった今でも、「どうなりたいか」というポジティブな未来より、「どうなりたくないか」というネガティブな未来を常に思い描くようにしています。最悪な事態を想定し、そこから逆算して「そうならない」ためのシミュレーションを行い、何が足りないか、今できることは何か、と日々のタスクや事業の優先度を割り出していきます。

この逆算思考が身につくと、基本的にはどんな状況でも起き得る問題やトラブルはある程度想定しているので、それらの問題やトラブルへの対策も事前に準備できていいます。だから最初の動き出しが早く、すぐアクションに移すことができます。

具体的にいうと、資金調達、安全管理、採用、人間関係と、あらゆる経営課題に対して、私の場合は常に起こり得る最悪の事態を3パターンは想定しており、それぞれのパターンに対する対処法も全てシミュレーション済みです。だから、トラブルが生じないようにリスクヘッジをしておけるし、仮にトラブルが生じたとしても、ほとんどが想定の範囲内なので、スピーディーに対処できる、というわけです。

「どうなりたくないか」をまず考えて、そこから足りないものを補充していくような考え方を身につけると、人生を大きく踏み外すことはなく、成功の確率が格段に上がるのです。仮に失敗したとしても、「こういう要因で予測が外れたんだ」「このやり方がうまくいかなかったんだ」と振り返りができるので、結果に対する納得度が高まります。

もう一つ、「逆算思考」をお勧めする理由は、イメージが明確に描きやすい、という点にあります。

「こうなりたい」というポジティブな未来のイメージは、いざ描こうと思うとなかなか出てこないものです。イメージが湧きにくいから、結果として具体的なアクションに結びつきにくいのです。

「将来、どうなりたいですか?」と聞かれて、回答に詰まってしまう人は、特に若い人を中心に少なくありません。また、仮に「こうなりたい」イメージが描けたとしても、短期的にはモチベーションは上がるものの、結局その瞬間だけ満足して長続きしないものです。おそらく、理想のイメージを先に掲げてしまうと、うまくいかないことが重なったときにそのイメージと現状とのギャップを感じ「やっぱり自分にはムリだ……」と落ち込みやすいからではないでしょうか。

人間の脳には、危険を察知し避けるための防衛本能が原始時代から備わっているといいます。その防衛本能を活かして「こうなりたくない」というネガティブな未来を思い描いたほうが、高い解像度でイメージを描きやすいのです。

読者の方の中にも、「やりたいことが見つからない」と悩んでいる人や、周囲の「意識の高さ」を目の当たりにし、自分と比較して落ち込んでしまう人がいると思います。でも、「なりたい自分」を無理に見つけようとする必要はありません。まずは足元の「こうはなりたくない」というところからイメージを描いてみませんか？　そのほうが、次にとるべき具体的なアクションを導きやすくなります。

## 内向型人間でも「演じる」ことで自己開示できる

次に「②自己開示」です。

転校を繰り返して孤立を深めていた小学生時代、両親から疎外され、父の暴力から逃げ回っていた思春期と、私の人生は心を閉ざすことで自分の身を守ろうとしてきたところがあります。そして、安心を求めるよりも不安を成長の原動力とし、常に自分を追い込みながら、厳しい環境を求め続けてきました。

しかし、その自分に対する厳しさを相手にも求め、価値観を押しつけてきたことで、上司や部下との対人トラブルも数多く起こしてしまい、離職に追い込まれたり、組織を巻き込んだ大問題を引き起こすといった失敗を数多く経験してきました。

それらの失敗を重ねた末に気づいたのは、相手に安心感を与え、こちらを信頼してもらったほうが物事はうまくいきやすい、ということです。Gラインを創業したあと、15人のドライバーの大量退職という裏切りに遭い、経営危機に瀕したのがそこに気づくきっかけになったことは、第6章でお話ししたとおりです。

心理学の世界では「ラポール形成」という言葉があります。「ラポール（rapport）」とはフランス語で「橋を架ける」という意味で、自分と他人との間に橋を架けるように信頼関係を築き、良好な人間関係を保つプロセスを意味します。

このラポール形成においては、自己開示するほどお互いの心の距離を縮めやすくなるとされます。まさにそのとおりで、まずは自分をさらけ出すことで相手に安心感を与えることが信頼関係を築く第一歩だと、私も自分の経験から実感しています。

経営者として部下と接する際も、今考えていることなどを相手にできるだけ開示することを意識しています。不思議なもので、自己開示をし続けると相手が私に興味を持ってくれ、自分の話していることに共感しているのか、違和感を持っているのかといった反応も手に取るように把握できるようになります。また、自分の考えに共感しているかどうかが分かると、「このアイデアを実行に移そう」「彼にこの仕事を任せよう」といった判断・決断のスピードも速くなります。

ただ、ここまで本書を読み進めてくれた読者の方は、こんな疑問を抱くかもしれません。

「そもそも荒牧さんは内向型人間なのに、どうして自分をさらけ出せるんですか？」

結論からいうと、「演じる」から自己開示できるのです。

私流の「自己開示」をもう少し正確に説明すると、本当の心の奥底のパーソナリティーをさらけ出すというよりは、「Gラインの社長・荒牧敬雄」という「パブリックな自分」をさらけ出す、というイメージです。つまり、人と会話しているときは「パブリックな自分」を演じていて、「本当の自分」がそれを俯瞰している状態です。

演じるからこそ、「ここまで言っていいのかな？」とためらわれることもある程度は言えるようになるし、相手の「ここまで言ってくれるの？」といった反応も客観的に眺め、楽しめるようになります。

このように、自分の置かれた立場に応じて役割を演じようと意識するようになってから、経営者としての道が一気に拓けてきたように思います。

「本当の自分」と切り分けて「パブリックな自分」を演じていると、評価にとらわれなくなり、自分を大きく見せたり、他人の理想像に無理に合わせようとする意識がなくなります。また、言動の不一致をなくしていこうと意識を向けるようになり、自分の日常生活のムダをそぎ落として、いつ誰に見られても恥ずかしくない真っ当な生き方をしていく方向に努めようとします。平日のゴルフをやめたり、会食を少なくしたりしたのは、「パブリックな自分」が「本当の自分」を律してくれたからです。

元プロ野球選手の鳥谷《とりたに》敬《たかし》さんがある記事の中で語っていたのですが、現役時代の鳥谷さんは「野球選手・鳥谷 敬」と「普段の鳥谷 敬」を、完全に別ものと考え、切り離していたそうです。

キャンプ中もシーズン中も、つねに記者に囲まれて「昨日、何食べましたか?」「髪切りましたか?」などと聞かれる。そこで「そりゃ髪くらい切るだろ」といちいち怒っていたら身が持たないですよね。でも、「野球選手・鳥谷敬」を演じていると思えば「そうなんですよ。昨日切ったんですよ」と冷静に返すことができます。そもそも「野球選手・鳥谷敬」には興味がないから、新聞も読まないし、エゴサーチもしませんでした。
(『鳥谷敬氏「体の使い方で一番重要なのはお尻」』/東洋経済オンライン)

阪神タイガースという人気球団の看板選手ともなると、常に世間の注目を浴び、マスメディアやSNSなどで批判にさらされたり、試合中にはヤジも浴びせられたりもします。でも、グラウンドに立っている間は「野球選手・鳥谷 敬」を演じていれば、「普段の鳥谷 敬」としてはまったく気にならない、というのです。「パブリックな自分」を演じることは、ストレスをコントロールするという意味でもメリットがあるのだ、ということを一流のアスリートも教えてくれます。

## 「この人のためになりたい」思いがあれば伝えることに集中できる

最後に「③表現方法」です。

私は、もともと「伝える」ことが得意ではありません。小学生の頃からずっと心を閉ざし、人との関わりを回避しながら生きてきたことが、少なからず影響していると思われます。また、伝え方が稚拙で言葉が不足していたばかりに、人間関係でも衝突やすれ違いを幾度となく繰り返してきました。

そんな私が不思議なことに、最近では講演の機会やメディアへの出演の機会を多くいただくようになりました。また、自社のオウンドメディアやSNSなどを通じて、自分の思ったこと、考えていることを発信する機会も増えました。この本もまさに、私の思いを発信する機会の一つとして書いています。

基本的にせっかちな性格なので、話し方がどうしても早口になってしまいます。社員の前でもお客さまの前でも、早口でバーッと話しているうちに、「いったい何を伝えたかったんだろう?」と話が迷走することも多く、日々反省しています。それでも、自分の思いや考えが相手に伝わり、共感してもらえたときの喜びは大きいものです。

そんな私が「話し方のコツ」を偉そうに語る資格はないのですが、〝陰キャ〟で〝コミュ障〟だからこそ、自分の思いや考えを言語化し、伝えることの重要性は誰よりも身に染みているつもりです。

話し方・伝え方においても、私が大事にしているのは「演じる」ことです。

演じるといっても、話している間の全てを演じようとする必要はありません。例えば社員の相談に乗る場面であれば、まずは相手の悩みに耳を傾け、どこに不安や焦りを感じているのかを汲み取ることに集中します。

その悩みに対する解決策として伝えたいメッセージが決まれば、そこからは「パブリックな自分」を演じてメッセージを伝えるのです。そうすれば「本当の自分」では言えないことも言えるようになるものです。

大事なのは「目の前の人のためになりたい」という思い。それさえあれば、どんなに内向的な人でも演じることは難しいことではありません。

「演じる」という言葉のニュアンスから、ともすると「嘘をつく」「自分を偽る」とネガティブにとらえる方もいるかもしれませんが、決してそうではありません。自分が内向的で〝陰キャ〟な性格かどうかということは、目の前の相手にとってはどうでもいい話です。「この人に対して自分はどういう価値が提供できるか」という視点で考えれば、自分の性格などはいったん脇に置き、「どんなメッセージを、どう伝えようか？」という方向に意識を集中することができます。それが、すなわち「演じる」ということなのです。

## 〝陰キャ〟な人でも長所や得意なことを発揮できる世の中に

「逆算思考」で常に最悪の事態をシミュレーションしながら準備する。「パブリックな自分」を演じながら自己開示し、相手に最も伝わる表現方法でメッセージを伝える。これらのことを意識し、実践することで、私のような内向型の人間であっても自分の可能性を広げ、理想の生き方を実現することができます。

何より、私自身がそういう生き方をしてきたことで、今日の経営者としての自分があると思っています。コスパ・タイパを求める生き方とは対極の、遠回りで不器用な人生だったからこそ、その遠回りの過程でさまざまな成功や失敗を積み重ねてきました。その経験からしか得られない力が身につき、大した学歴も特技もない人間を、想像もしなかったところまで連れていってくれました。それが、本書を通じてお伝えしたい、私なりの「不器用な成功哲学」です。

人付き合いや自己表現に苦手意識を持つ〝陰キャ〟な人でも、一人ひとりに長所や得意なこと、強みを必ず持っています。ここまでお話ししてきた「不器用な成功哲学」があれば、誰でも自分の長所や強みを見つけ、それを存分に発揮して世の中に貢献することはできるのです。

私自身も、内向型人間の一人として、これからもGラインの経営者としての責務を全うしていくことで、世の中にポジティブなエネルギーを伝播していき、不器用でも人生に前向きにチャレンジする仲間を増やしていきたいと思っています。それが、自分なりの成功を手にした私の、残りの人生における使命でもあると自覚しています。

# おわりに

ここまで、本書をお読みいただきありがとうございました。

30台のトラックを一括購入した大勝負にも勝ち、クーデターによる経営破綻のピンチも乗り越え、今日のGラインは20代、30代の若手社員が中心の運送会社として、順調に業績を伸ばしています。保有するトラックも今では90台を超え、お客さまから預かった大切な荷物を日々運び続けています。

今日では私が運送事業の現場に指示することはめっきり少なくなり、現場を担う若いリーダーたちに一任しています。本社営業責任者は、業界未経験で入社した6年目の36歳の白川支店長。2023年1月に開設した兵庫営業所の所長に就任したのは、入社7年目の28歳の若手人財。彼らがGラインの新しい牽引役として現場に活気とポジティブな雰囲気をもたらし、そして40歳以上のベテラン勢が彼らをバックアップする、良好な人間関係が社内に構築されています。

社員たちがいきいきと活躍する姿を見ていると、これまで数えきれないほどの試練にぶつかり、辛酸をなめてきた暗い過去が全て吹き飛ぶようです。30年あまりの仕事人生で今がいちばん幸せなのではないか、と思わず感慨に浸ってしまいます。

一方の私も、最近では講演、雑誌取材、コンサルティング事業など、まさしく「運送会社らしくない」仕事の依頼が増え、奔走するあわただしい日々を過ごしています。

講演が終わって壇上から降りると、ありがたいことに来場していた多くの人が、名刺交換の長い列をつくってくれます。その光景を、昔の私が見たらきっと驚くことでしょう。

私がこれらの運送事業以外の仕事に注力できているのも、自慢の社員たちが自己成長し、主体的にGラインの運送事業を担ってくれているおかげです。今ではむしろ、私が関わらないほうが順調に回るのではないか、と寂しさをおぼえるくらいです。

これからも、私の出番は少しずつ減っていくことでしょう。社員のみんなに忘れられないよう、与えられた役割を誠実に果たしていこうと、日々自らに言い聞かせています。同時に、意欲ある社員たちにチャレンジの機会を提供し、自己成長を促しながら、次世代のGラインを託せる人財を育てることを新たな目標として自らに課しています。

ところで話は変わりますが、Gラインには「洗車祭り」と呼ばれる定例の社内イベントがあります。社員全員が福岡・大阪・兵庫の各営業所に集い、3日間をかけてトラックを洗車するというものです。

この「洗車祭り」は、商売道具であるトラックをきれいにする目的で、Gラインが運送事業を開始してから年3回、長期休暇の前には欠かさず実施しています。今では現場の運送業務のほとんどを社員に任せている私にとっては、トラックに触れる唯一といってもいい機会でもあります。

洗車祭りでは社員同士が協力しながらトラックを洗うことを通じて、会社としての一体感を高める狙いがあります。短時間で作業を実行するための準備や、役割分担の割り振りなど、日常の仕事に活かせる経験が得られるので、社員研修の側面もあります。入社間もない新入社員などは、このイベントに参加してもらうことで先輩社員との親睦を深め、Gラインの雰囲気を感じてもらうようにしています。

洗剤などの使い方も分からない新入社員に、先輩たちが優しくレクチャーする光景を見るだけで、私もほほえましい気持ちになります。3日間、時間と手間をかけてピカピカに磨き上げられた数十台のトラックを全員で眺めるときの達成感は、何物にも代え難いものがあります。

洗車祭りには、私の妻と子どもたちもほぼ毎回参加してくれています。

「君が生活できているのは、この社員さんたちのおかげなんだよ」

一緒にトラックを洗いながら、私は子どもたちにそう伝えています。特に長女は小学生の頃から会社にも時折連れてきていたし、会社の状況を家庭内で話すこともあったので、経営が苦しかった頃のことや、その後の成長過程は長女なりに理解してくれているようです。

勉強をろくにしない劣等生だった私と異なり、長女は勉強も自ら率先して頑張り、地元の難関高校に合格。勉強に部活動に、充実した学校生活を送っています。

あと数年もすれば、娘も大学を卒業して社会の一員となります。そんな娘たちの世代に、私のこれまでの経験を通じた生き方や考え方を伝えることで、未来の人生を豊かにしていくための助けになれば——それが、本書を出版する最初の動機となりました。

死を覚悟するほどの壮絶な経験や、不器用ゆえの失敗経験、今日の「常識」に照らすと首を傾げたくなるようなカッコ悪いことも数多くしてきたので、子どもたちが本書を読んでどんな感想を持つかは分かりません。でも、私なりに多くの困難に直面し、葛藤しながら悩んできたこと、考えてきたことが、子どもたちをはじめこれからの日本を支える若者たちにとって少しでも生き方のヒントになればとの思いで、それこそ全てをさらけ出してつづったつもりです。

そのメッセージを若い世代の人たちが受け取り、これからの未来を自分らしく、力強く歩んでいくための糧としてくれたら、著者としてこれほど嬉しいことはありません。

荒牧敬雄（あらまき たかお）

高校卒業後、海上自衛隊に入隊し横須賀基地教育隊に配属される。半年間の研修期間を経て4年間、護衛艦で勤務した。自衛隊の海外派遣であるPKOに2度志願したが落選。その後、26歳で大手宅配会社に入社する。夜勤の仕分けのアルバイトから始まり、ドライバーの花形と呼ばれる「2tトラックドライバー」となり配達、集荷、顧客管理等全てを任されるようになった。ドライバー歴2年足らずで営業主任、入社9年で店長になった。退社後、2013年にGライン株式会社を創業。

本書についての
ご意見・ご感想はコチラ

# 不器用な成功哲学
## どん底中学生から
## 成功をつかんだ経営者の半生

2025年4月22日　第1刷発行

著　者　　荒牧敬雄
発行人　　久保田貴幸

発行元　　株式会社 幻冬舎メディアコンサルティング
〒151-0051　東京都渋谷区千駄ヶ谷4-9-7
電話　03-5411-6440（編集）

発売元　　株式会社 幻冬舎
〒151-0051　東京都渋谷区千駄ヶ谷4-9-7
電話　03-5411-6222（営業）

印刷・製本　中央精版印刷株式会社
装　丁　　秋庭祐貴

検印廃止

Printed in Japan
ISBN 978-4-344-94913-3 C0034
幻冬舎メディアコンサルティングＨＰ
https://www.gentosha-mc.com/